PIANO • VOCAL • GUITAR

THE BEATLES

The first four albums from the original British collection.

HAL•LEONARD™ CORPORATION
7777 W. BLUEMOUND RD. P.O. BOX 13819 MILWAUKEE, WI 53213

Index of Songs
ALPHABETICALLY

THE
BEATLES – the first four albums

Index of Songs
BY ALBUM

I SAW HER STANDING THERE

Words and Music by
JOHN LENNON and PAUL McCARTNEY

(Stems down=simplified bass; organ plays chord roots throughout)

1. Well, she was just sev-en-teen,____ and you know what I mean,____ And the way she looked____ was way____ be-yond com-pare.____ So how could I dance.

looked at me____ and I,____ I could see____ That be-fore too long____ I'd____ fall in love with her.____ She would-n't dance.

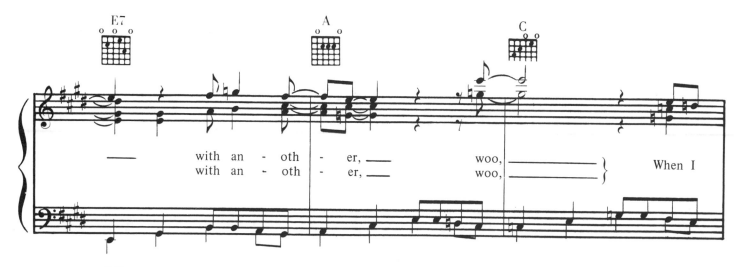

with an - oth - er, ___ woo, _____ When I
with an - oth - er, ___ woo, _____

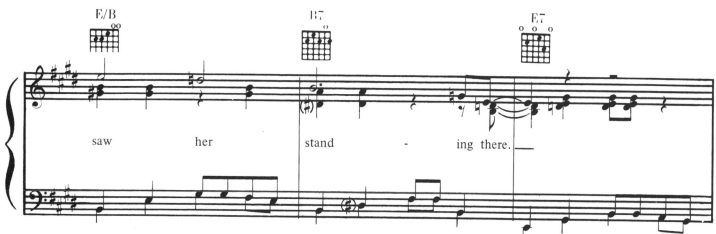

saw her stand - ing there. ___

2. Well, she___ Well my heart went boom ___ when I

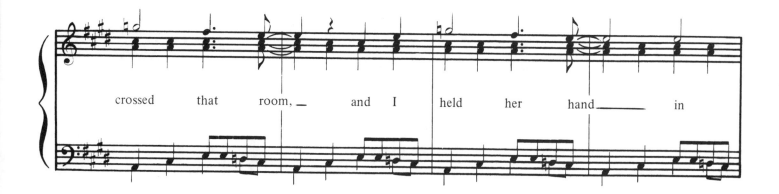

crossed that room, ___ and I held her hand ___ in

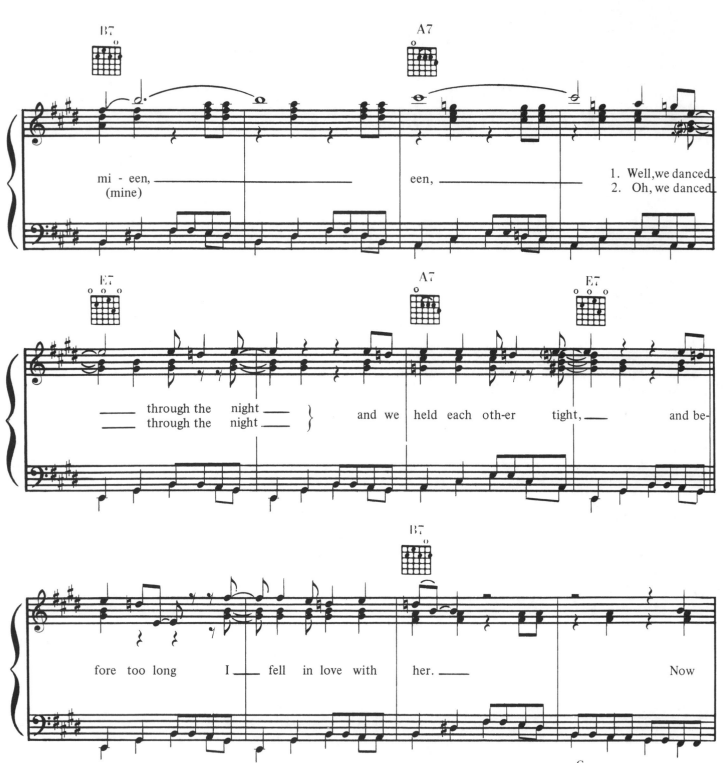

mi - een, _____ een, _____ 1. Well, we danced
(mine) 2. Oh, we danced

_____ through the night _____ } and we held each oth-er tight, _____ and be-
_____ through the night _____

fore too long I _ fell in love with her. _____ Now

I'll nev - er dance _ with an - oth - er, _ Oh, _____ since I

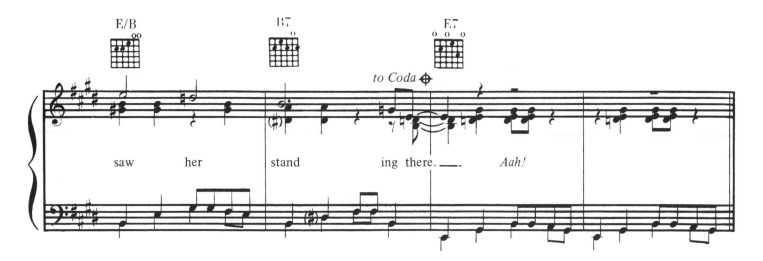

saw her stand ing there. ___ Aah!

(Solo)

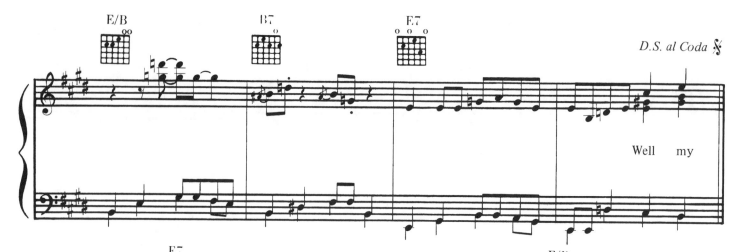

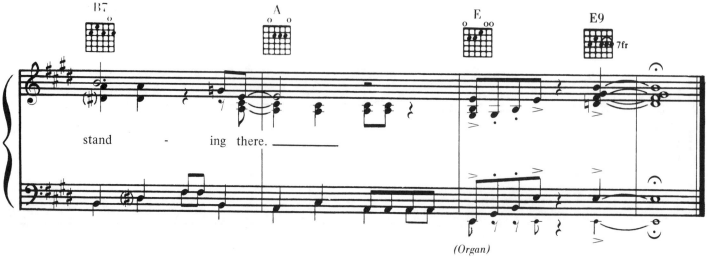

MISERY

Words and Music by
JOHN LENNON and PAUL McCARTNEY

ANNA
(GO TO HIM)

Words and Music by
ARTHUR ALEXANDER

him.____ (Backing): An - na, Go with him.____ (Backing): An -

- na. him.____ (Backing): Ah ____

(Bkg.): Ah ____ All of my life ____ I've been search-ing for a girl ____

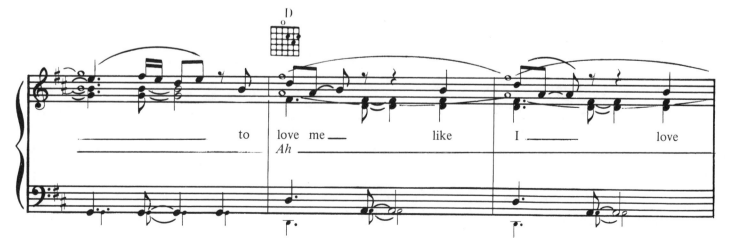

____ to love me____ like I ____ love

Ah ____

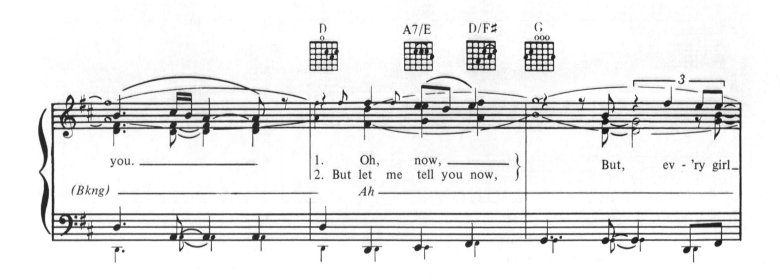

you. _____

(Bkng) _____

1. Oh, now, _____
2. But let me tell you now,

Ah _____

But, ev-'ry girl _____

__ I've ev-er had _____

(Ah) _____

breaks__ my heart and leaves me__ sad.

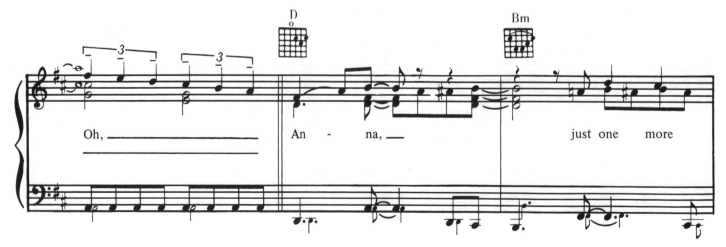

What am I, what am I sup-posed __ to do? _____

Ah _____

Ah _____

Oh, _____

An - na, _____

just one more

thing, girl, _____ You give back your ring to me, _ and I will

set you free, _ go with him _____ (Backing): Ah _____

D.S. al Coda 𝄌

to Coda ⊕

⊕ CODA

him. __ (Backing): An - na. Go with him. __ An-

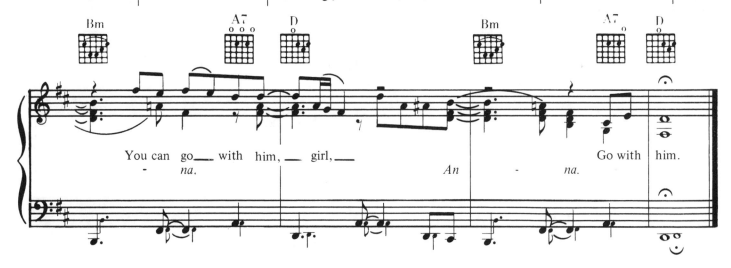

You can go _ with him, _ girl, _____ Go with him.
- na. An - na.

CHAINS

Words and Music by
GERRY GOFFIN and CAROLE KING

BOYS

Words and Music by
LUTHER DIXON and WES FARRELL

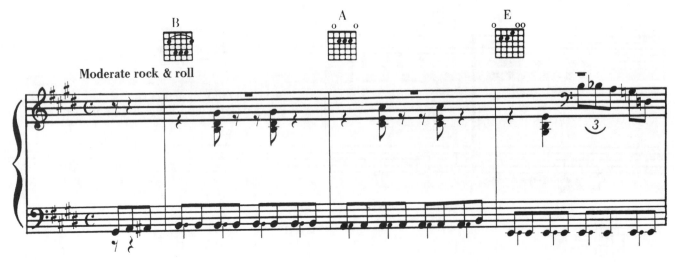

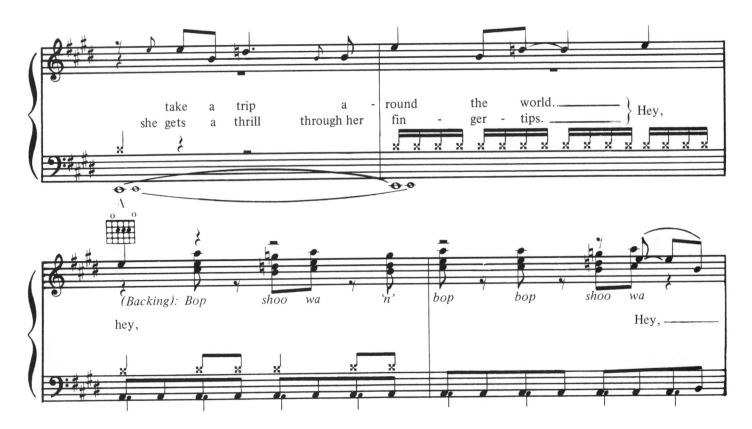

Bop *shoo wa* 'n' *bop bop shoo wa*   *bop shoo wa*

hey,   Hey, ____ hey,

bop bop shoo wa   *bop shoo wa*

Yeah,   she say you do. ____

Well, I   talk a - bout   boys,   *Yeah yeah boys___*

____   *Yeah yeah boys ___*

Don't ___ you know I mean   boys,   Well, I   talk a -bout

Yeah yeah boys ___

boys, now, ___ Ah ___

Yeah yeah boys ___

boys. Well, I talk a - bout

Yeah yeah boys ___

boys now, ___ what a bun - dle of

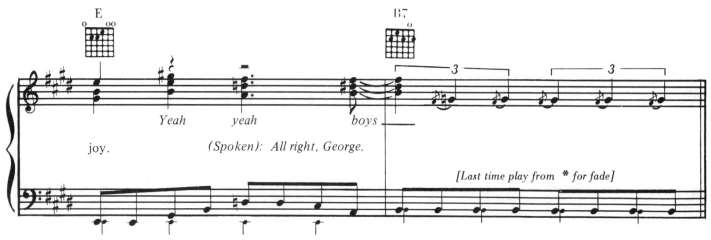

Yeah yeah boys ___

joy. (Spoken): All right, George.

[Last time play from * for fade]

Instrumental

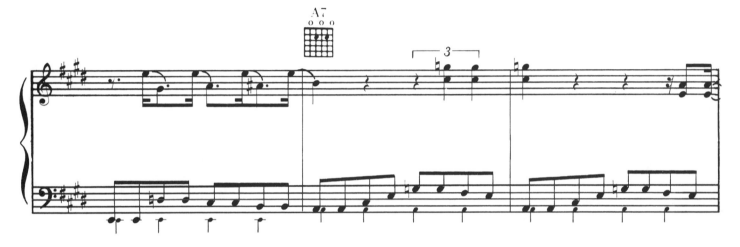

D.S. to 3rd lyric

ASK ME WHY

Words and Music by
JOHN LENNON and PAUL McCARTNEY

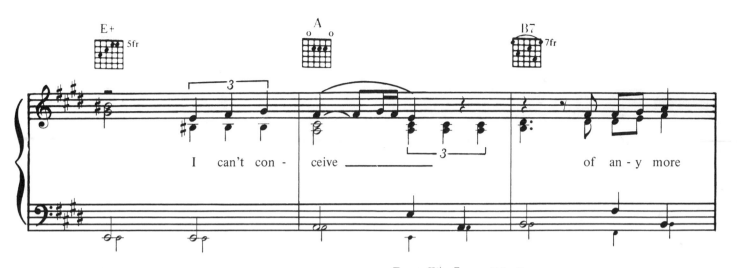

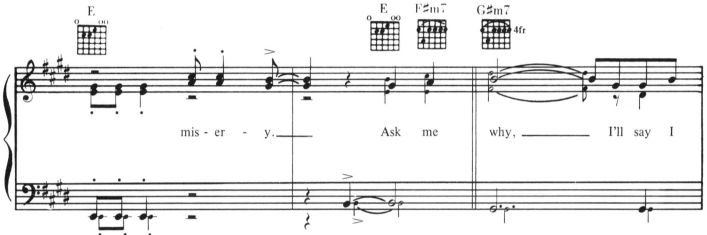

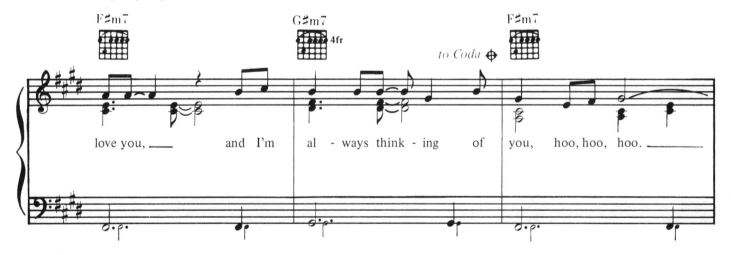

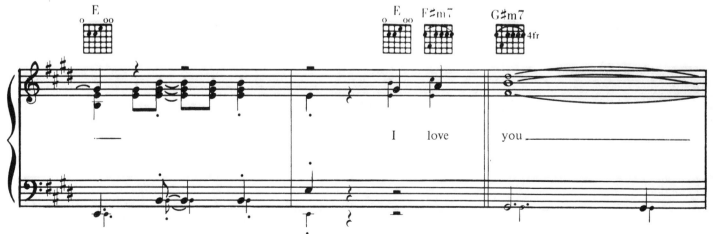

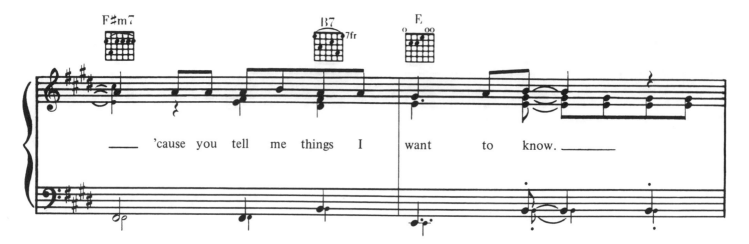

_____ 'cause you tell me things I want to know. _____

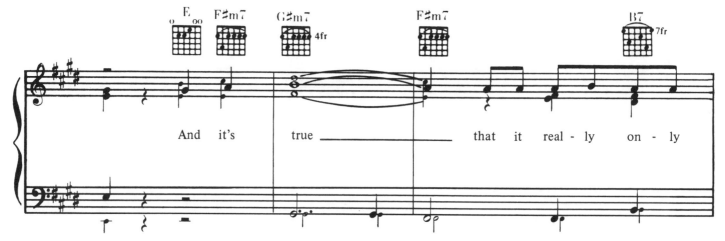

And it's true _____ that it real - ly on - ly

goes to show _____ that I know _____ that

I, I, I, I, _____ should nev-er, nev-er, nev-er be

PLEASE PLEASE ME

Words and Music by
JOHN LENNON and PAUL McCARTNEY

LOVE ME DO

Words and Music by
JOHN LENNON and PAUL McCARTNEY

*Mixolydian mode, not the Key of C.

Break

please _____ Love me

do. _____ Woh, _____ love ___ me do. _____

___ me do. _____

Some - one to love, some - bod - y new. _____

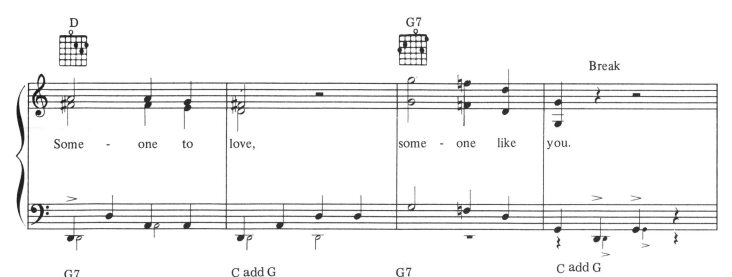

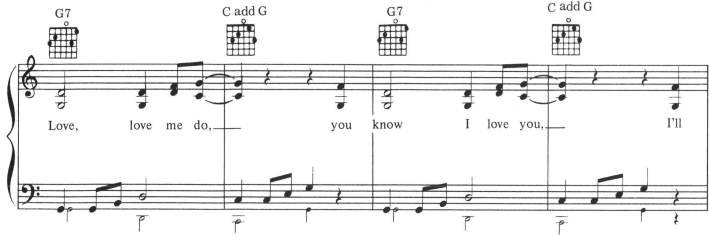

BABY, IT'S YOU

Words and Music by MACK DAVID,
BURT F. BACHARACH & BARNEY WILLIAMS

DO YOU WANT TO KNOW A SECRET?

Words and Music by
JOHN LENNON and PAUL McCARTNEY

Slowly and freely

You'll nev-er know how much I real-ly love you, You'll nev-er know how much I

Moderato - a tempo

real-ly care.

(Backing): doo dah
(2nd time only)
List-ten,___

doo

do you want to know a se-cret?___ Do you prom-ise not to

doo dah doo

doo dah doo

tell? Wo,___ wo,_____ clos-er,___ let me whis-per in your

P.S. I LOVE YOU

Words and Music by
JOHN LENNON and PAUL McCARTNEY

As I write this let-ter, send my love to you. Re-

mem-ber that I'll al-ways be in love with_ you.____

Trea-sure these few words till we're to-geth-er, Keep all my love for-

A TASTE OF HONEY

Words and Music by
RIC MARLOW and BOBBY SCOTT

TWIST AND SHOUT

Words and Music by
BERT RUSSELL and PHIL MEDLEY

THERE'S A PLACE

Words and Music by
JOHN LENNON and PAUL McCARTNEY

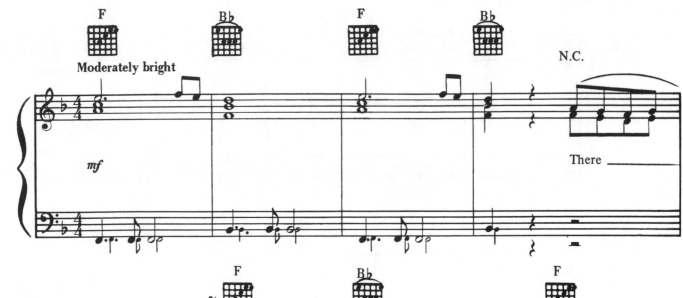

Moderately bright

There _____

_____ is a place where I can go

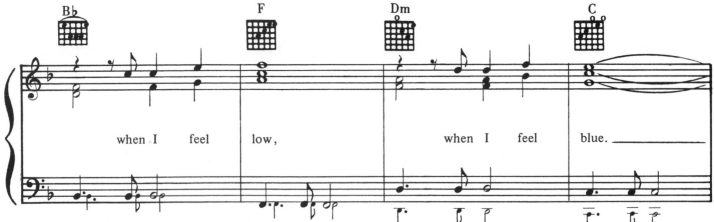

when I feel low, when I feel blue. _____

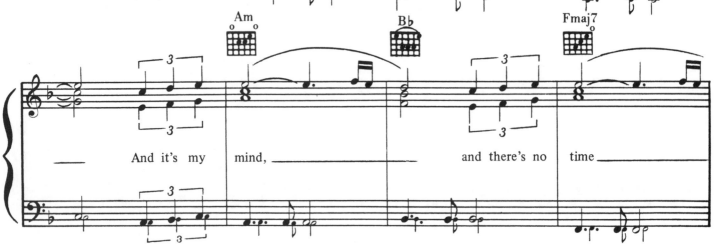

_____ And it's my mind, _____ and there's no time _____

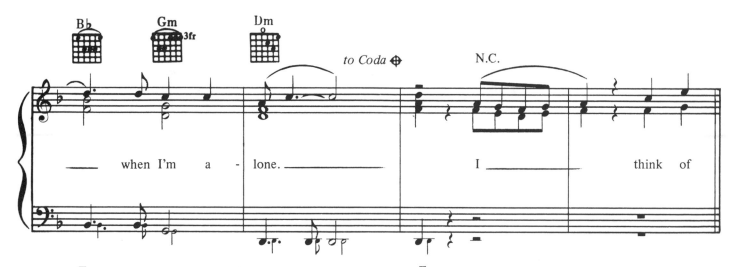

_when I'm a - lone. _____ I _____ think of

you _____ and things you do _____ go 'round my

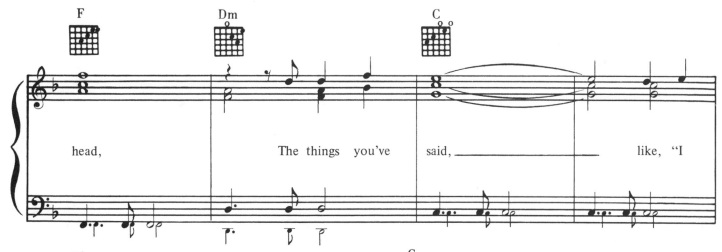

head, _____ The things you've said, _____ like, "I

love _____ on - ly you." _____

54

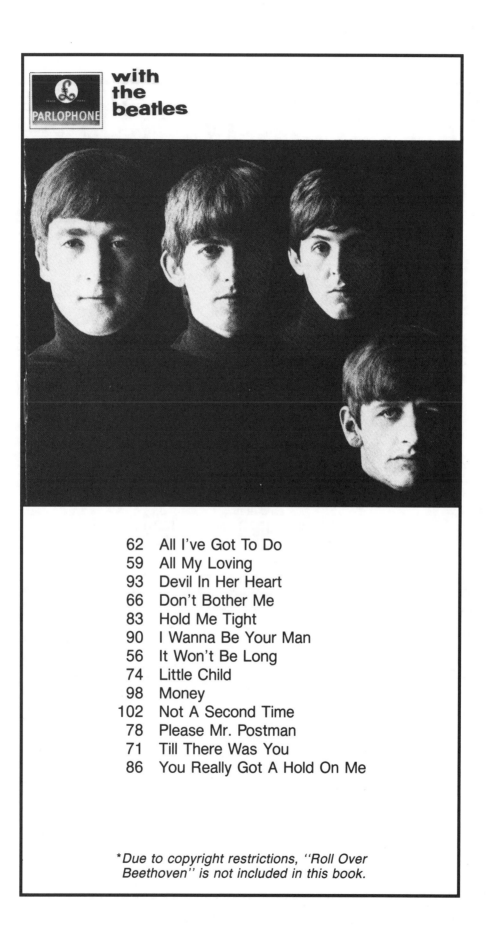

Due to copyright restrictions, ''Roll Over Beethoven'' is not included in this book.

IT WON'T BE LONG

Words and Music by
JOHN LENNON and PAUL McCARTNEY

ALL MY LOVING

Words and Music by
JOHN LENNON and PAUL McCARTNEY

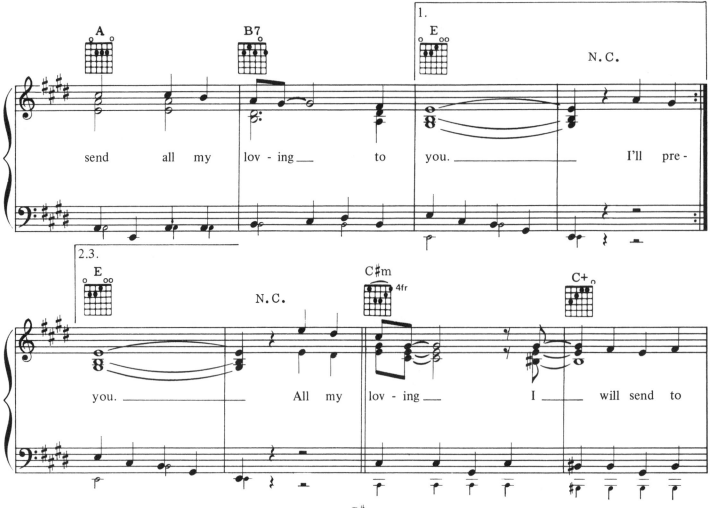

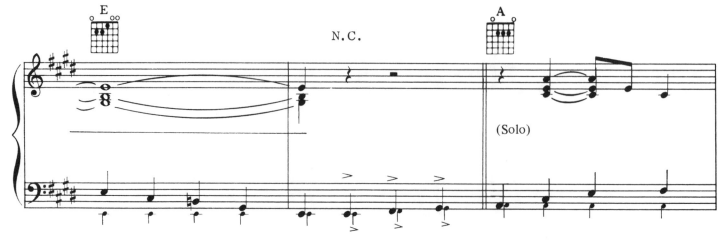

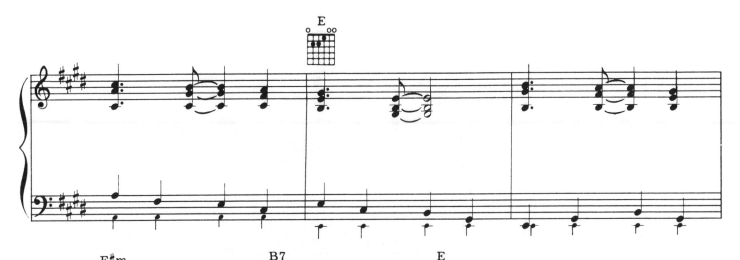

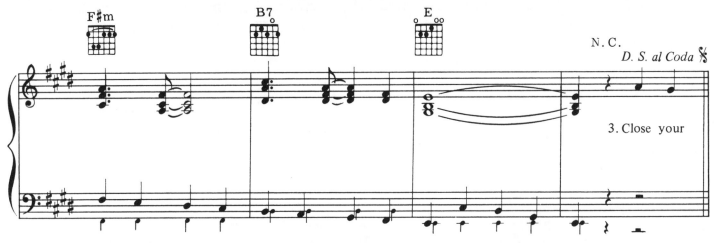

3. Close your

(true.) _____ All _____ my lov - ing, _____

_____ All _____ my lov - ing. _____ All _____ my

ALL I'VE GOT TO DO

Words and Music by
JOHN LENNON and PAUL McCARTNEY

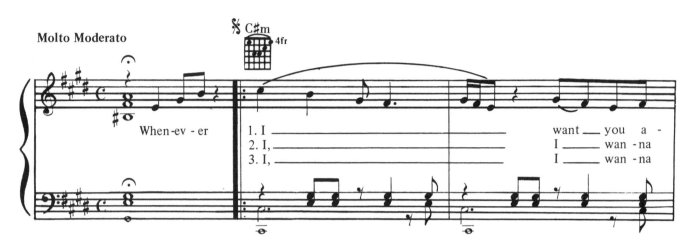

When-ev - er

1. I _____ want ___ you a -
2. I, _____ I ___ wan - na
3. I, _____ I ___ wan - na

round, yeah, all I got - ta
kiss you, yeah, all I got - ta
kiss you, yeah, all I got - ta

(Harmony)

do _____ is
do _____ is
do _____ is

call you on the phone, and you'll come run - ning home, Yeah ___
whis - per in your ear the words you long to hear and ___
call you on the phone, and you'll come run - ning home, Yeah, ___

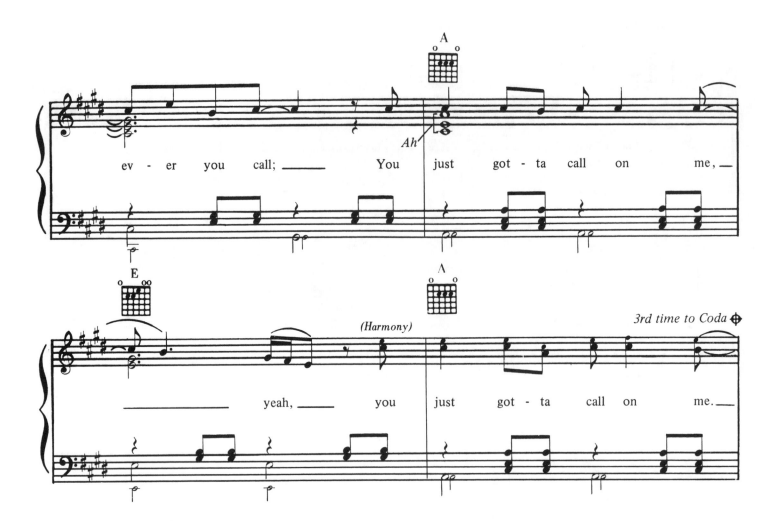

ev - er you call; _____ You just got - ta call on me, _____

Ah

(Harmony) *3rd time to Coda* ⊕

_____ yeah, _____ you just got - ta call on me. _____

D.S.al Coda 𝄋

_____ And when

(Cym)

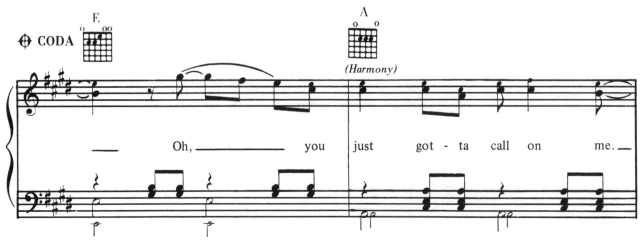

⊕ CODA

(Harmony)

_____ Oh, _____ you just got - ta call on me. _____

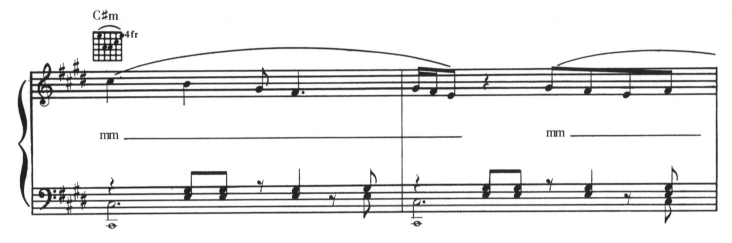

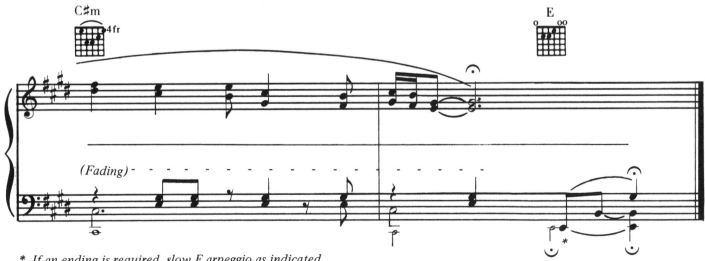

* *If an ending is required, slow E arpeggio as indicated*

DON'T BOTHER ME

Words and Music by
GEORGE HARRISON

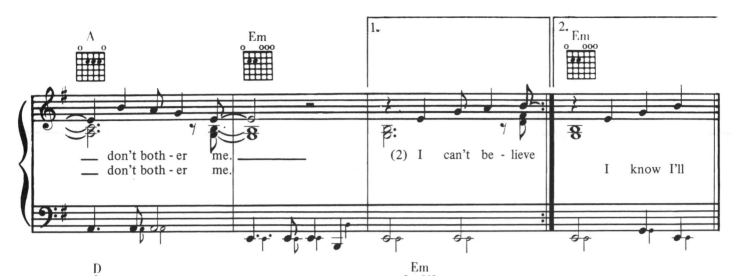

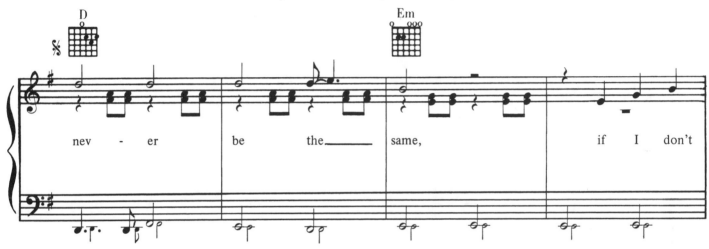

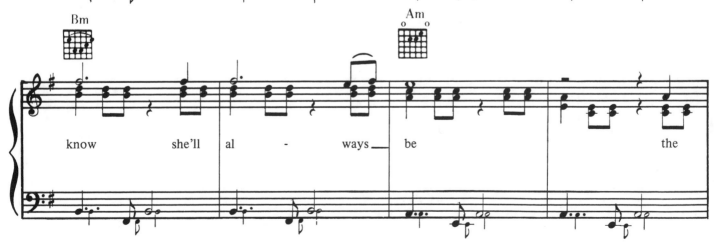

68

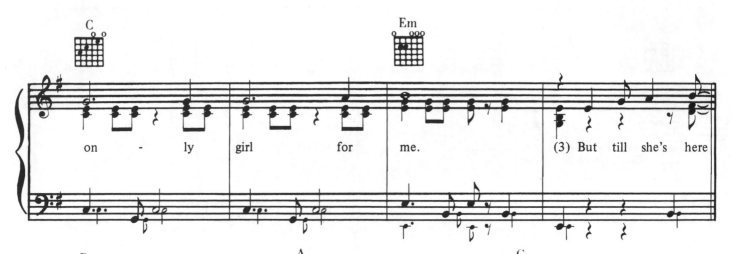

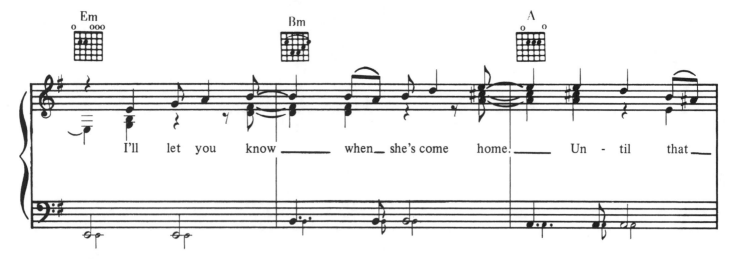

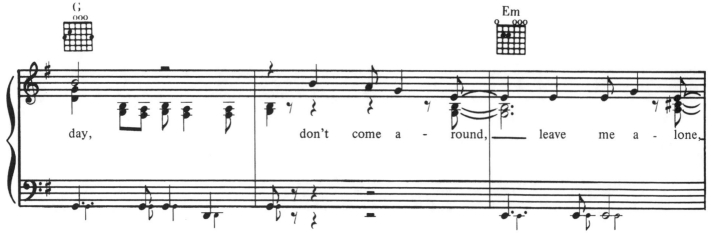

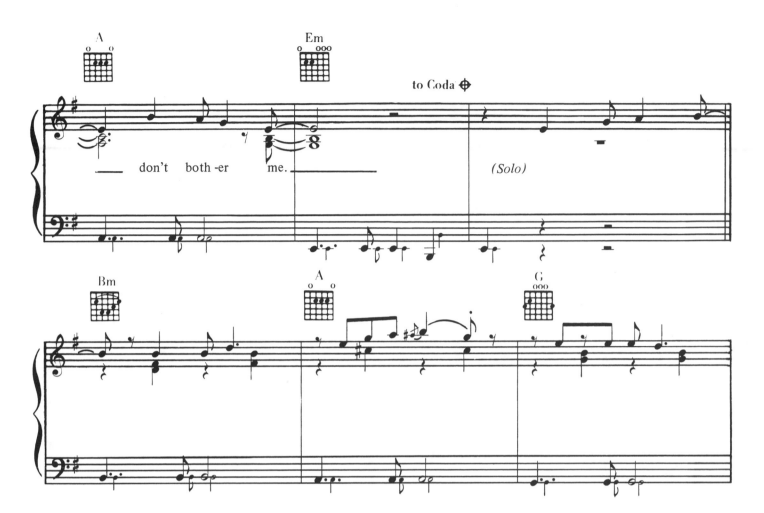

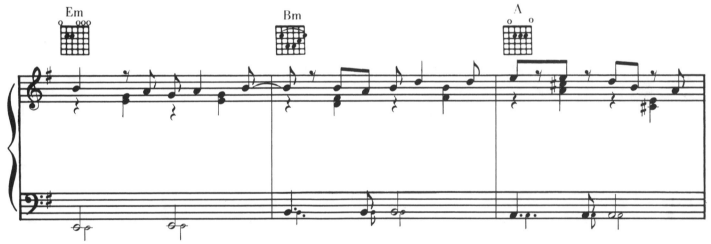

TILL THERE WAS YOU
(From "THE MUSIC MAN")

By MEREDITH WILLSON

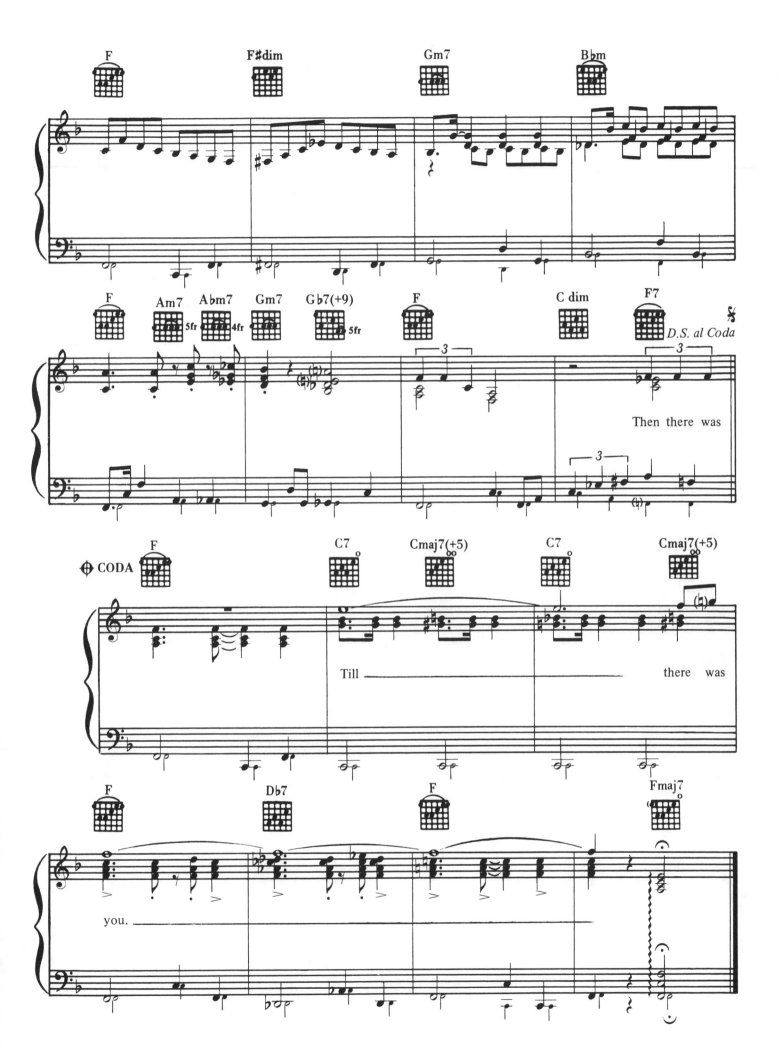

LITTLE CHILD

Words and Music by
JOHN LENNON and PAUL McCARTNEY

(Small notes and stem down notes can be used
as simplified bass for piano or organ pedals)

I'm so sad and lone - ly, _____ ba - by take a chance with me. _____

(Solo)

_____ Wow! (shout)

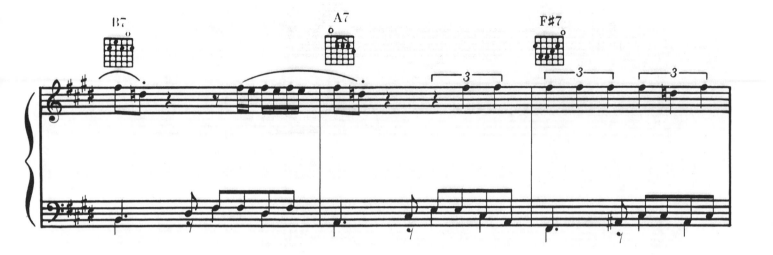

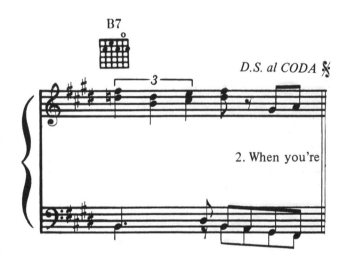

D.S. al CODA 𝄋

2. When you're

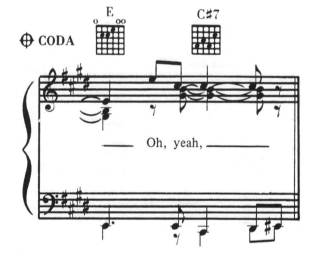

$\oplus$ **CODA**

Oh, yeah,

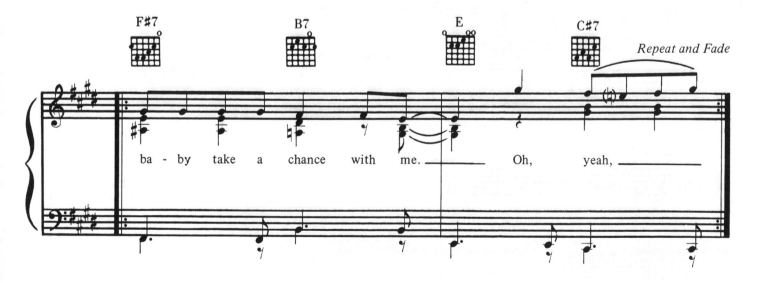

Repeat and Fade

ba - by take a chance with me. Oh, yeah,

PLEASE MR. POSTMAN

Words and Music by WILLIAM GARRETT,
ROBERT BATEMAN, GEORGIA DOBBINS,
BRIAN HOLLAND and FREDDIE GORMAN

Moderato, with a beat

f

(Backing): Wait!

Solo: Oh yes, wait a min - ute, Mis-ter Post - man.

Wait! Wait, _____ Mis - ter Post - man,

Mis-ter Post-man, look__

Post - man. __

Is there a let - ter in your bag for me?__

Solo: 1. Oh yeah, __ and see __

2. Oh yeah, __

please, __ please,

please, __ please,

HOLD ME TIGHT

Words and Music by
JOHN LENNON and PAUL McCARTNEY

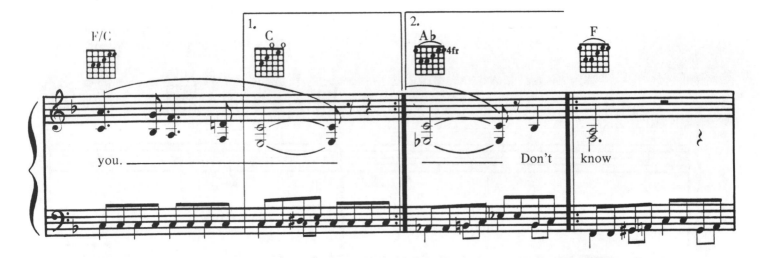

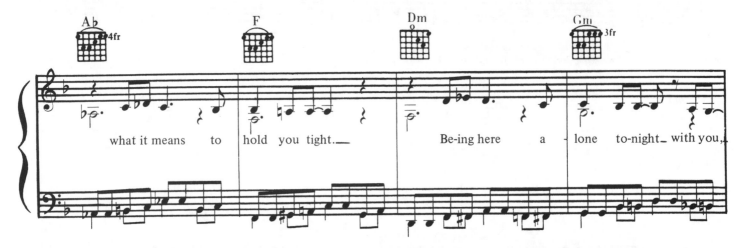

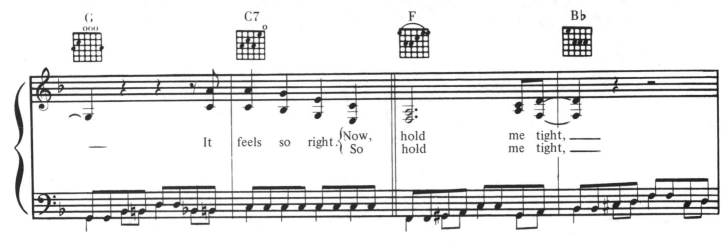

nev -er be the lone - ly one.__ } So
mak-ing love to on - ly you.__ } hold (hold)__ me tight,__ (me tight)__ to-night,

__ (to - night) to-night,__ (to - night)__ it's you,_____

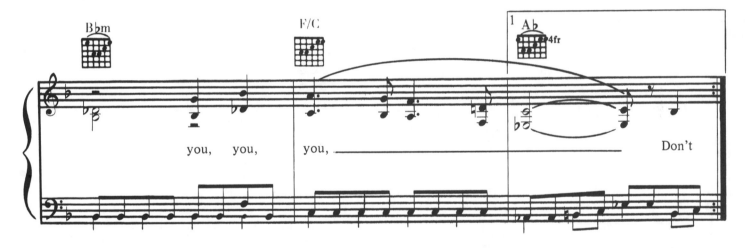

you, you, you,_____ Don't

_____ hoo hoo, you, hoo hoo.

YOU REALLY GOT A HOLD ON ME

Words and Music by
WILLIAM "SMOKEY" ROBINSON

I WANNA BE YOUR MAN

Words and Music by
JOHN LENNON and PAUL McCARTNEY

-er, ba - by, like no oth-er can, _____ Love you like no oth-
-er, ba - by, I wan-na be your man, _____ I wan-na be your lov-

N.C.

-er, ba - by, like no oth-er can. _____
-er, ba - by, I wan-na be your man. _____

I wan-na be your man,

F♯7   B7   E   C♯7

_____ I wan-na be your man, _____ I wan-na be your man,

F♯7   B7   E7

3rd time to Coda ⊕

_____ I wan-na be your man. _____ *(Shout)* Wow!

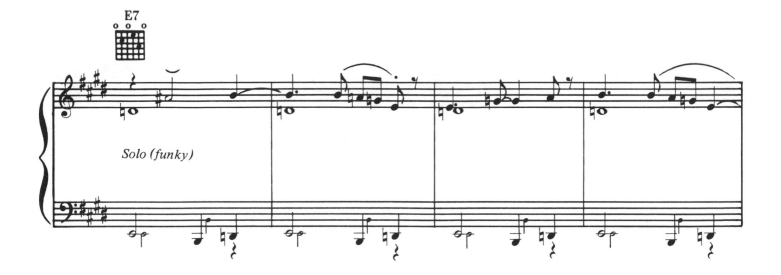

Solo (funky)

D.S. al Coda 𝄋

CODA

Repeat and Fade

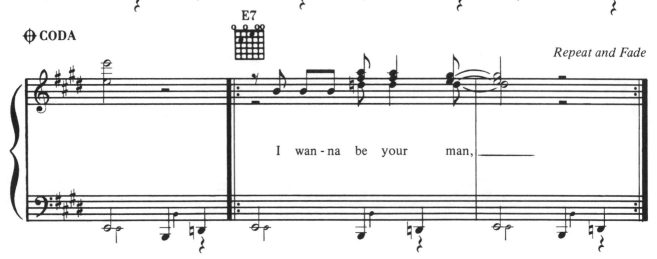

I wan-na be your man, _____

DEVIL IN HER HEART

Words and Music by
RICHARD B. DRAPKIN

D.S. al Coda

lis - ten, can't you see? _____ She's got the dev - il in her

CODA

Don't take chanc - es if your ro - mance is so im - por - tant to

you. ___ She'll nev - er hurt me, she won't de - sert me,

she's an an - gel sent to me. _____ She's got the dev - il in her

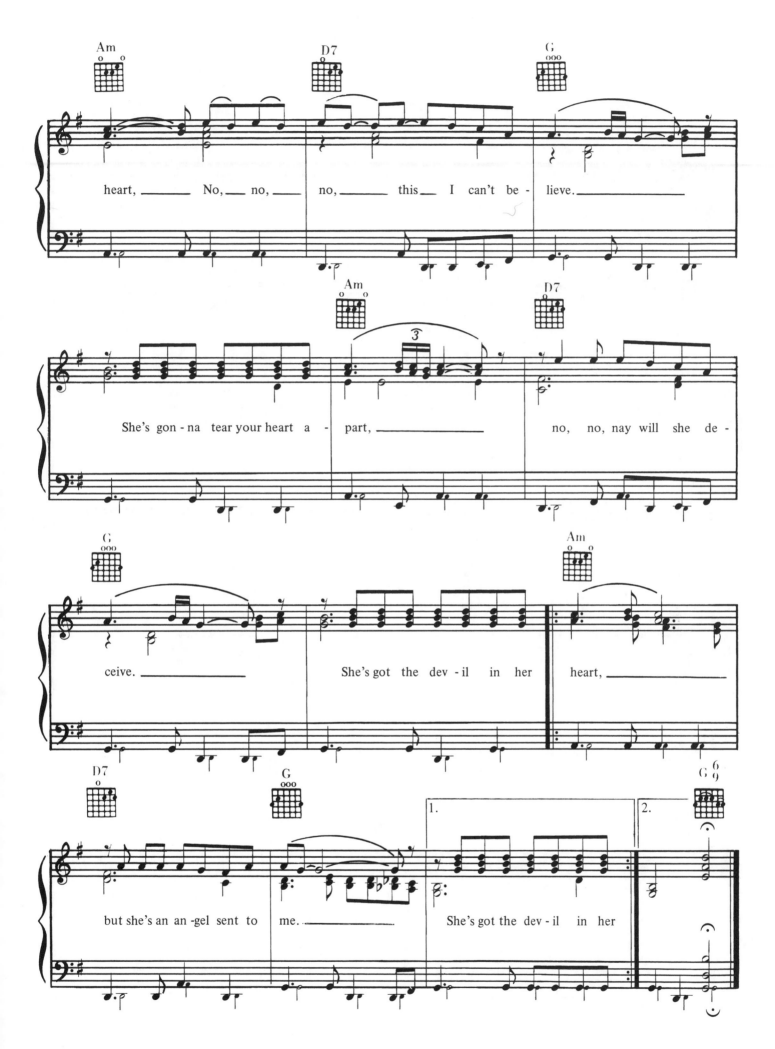

MONEY
(THAT'S WHAT I WANT)

Words and Music by
BERRY GORDY, JR. and JANIE BRADFORD

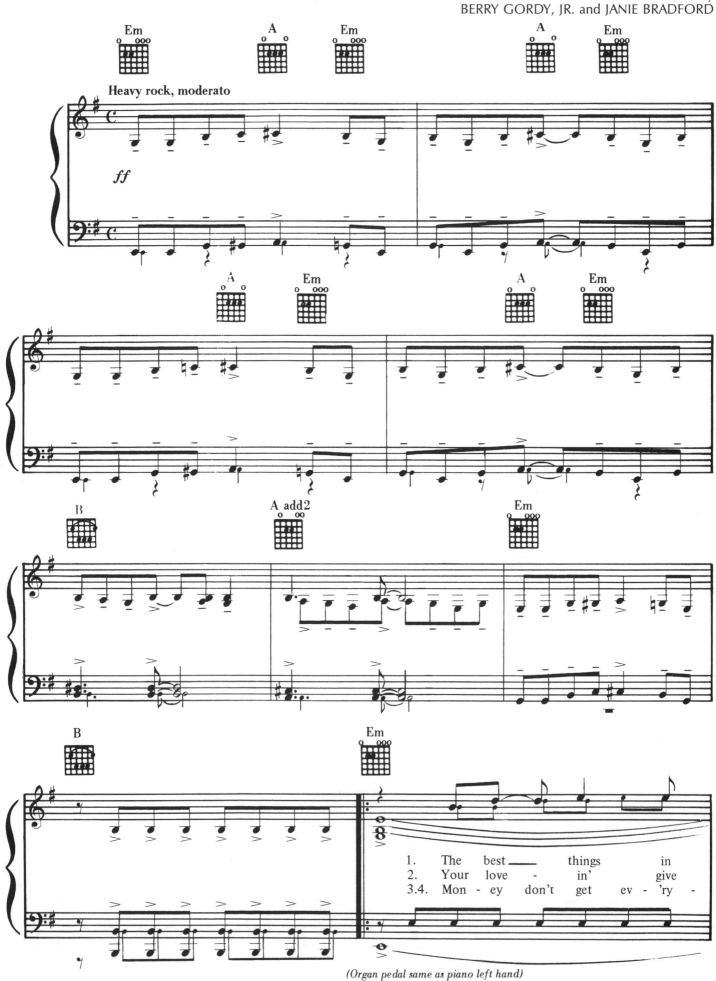

Heavy rock, moderato

1. The best ____ things in
2. Your lov - in' give
3.4. Mon - ey don't get ev - 'ry -

(Organ pedal same as piano left hand)

NOT A SECOND TIME

Words and Music by
JOHN LENNON and PAUL McCARTNEY

Moderato *

Lyrics:

You know you made me cry, ____ I see no use in won-d'rin'

why ____ I cried ____ for you. ____
you, ____ yeah.

(small notes 2nd time)

And now you've changed your mind ____ I see no rea-son to change

* *Four measure introduction not in original recording.*

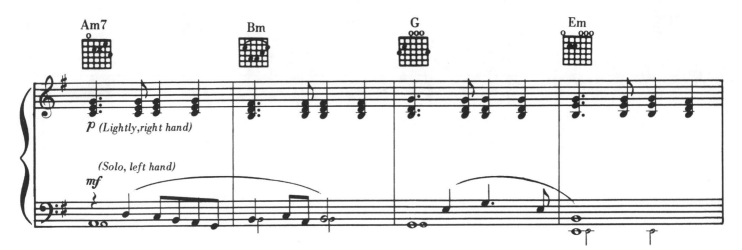

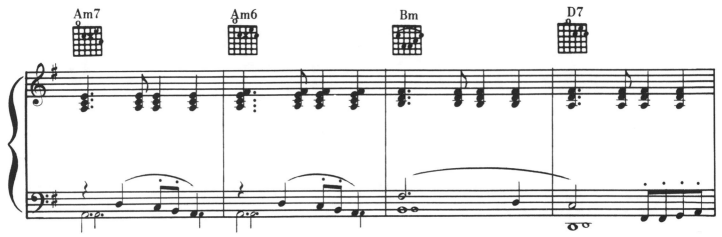

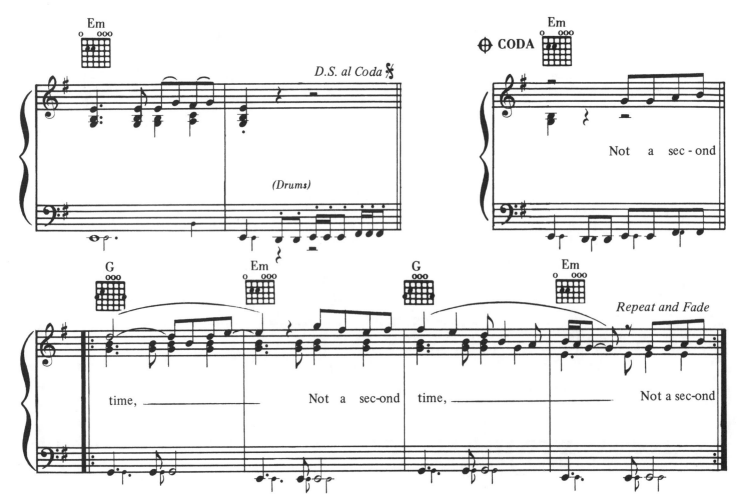

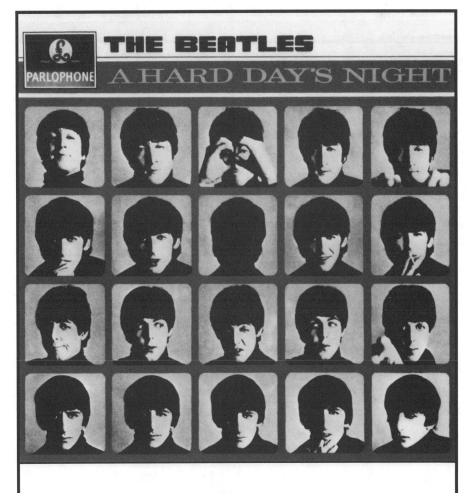

A HARD DAY'S NIGHT

Words and Music by
JOHN LENNON and PAUL McCARTNEY

Em   C   D   *D. S. al Coda*

feel - ing you hold - ing me tight,   tight,   yeah, 3. It's been a

Coda   G   C9

You know I feel ___ al - right,

G   CaddD   N.C.

You know I feel al - right. ___   *Ped. al fine*

Repeat and fade

IF I FELL

Words and Music by
JOHN LENNON and PAUL McCARTNEY

I SHOULD HAVE KNOWN BETTER

Words and Music by
JOHN LENNON and PAUL McCARTNEY

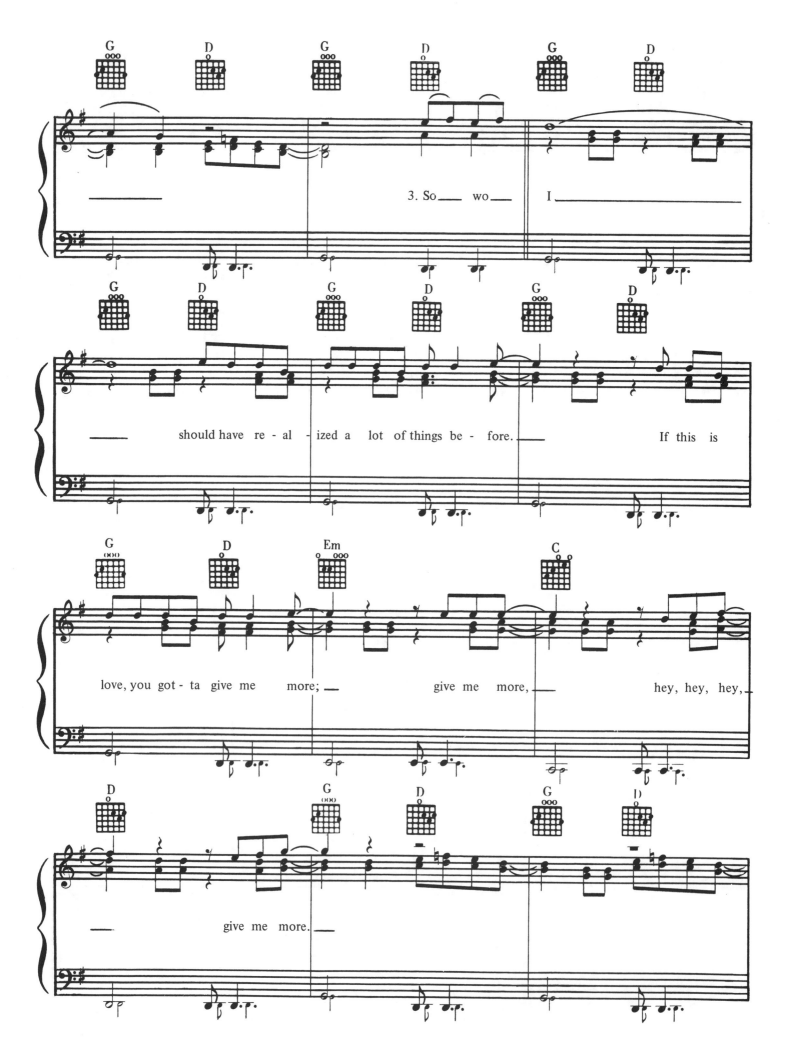

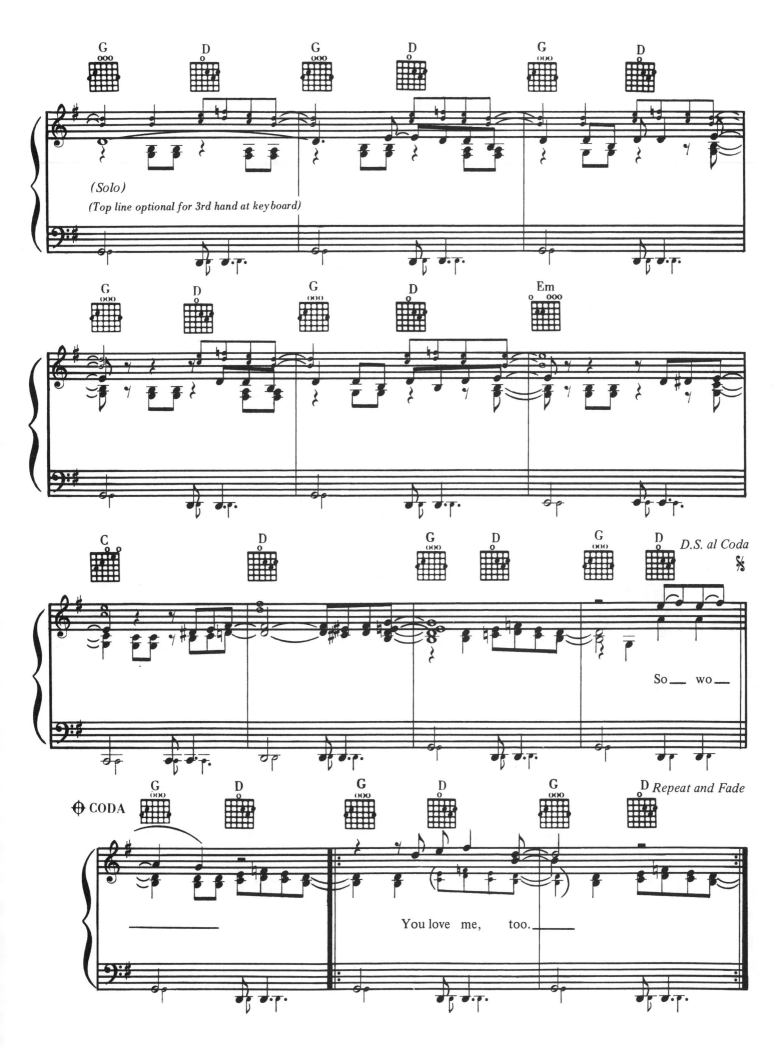

I'M HAPPY JUST TO DANCE WITH YOU

Words and Music by
JOHN LENNON and PAUL McCARTNEY

AND I LOVE HER

Words and Music by
JOHN LENNON and PAUL McCARTNEY

I love her.
And I love her.
And I love her.

(Repeat)
(Continue)
(To Coda)

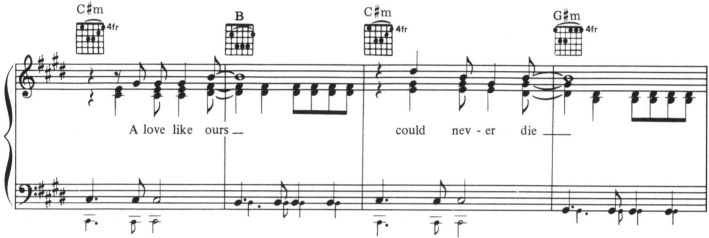

A love like ours __ could nev - er die __

As long as I __ have you near me. __

Instrumental Solo __
Bright are the stars __ that shine, __ dark is the sky; __

I know this love of mine __ will nev-er die, __

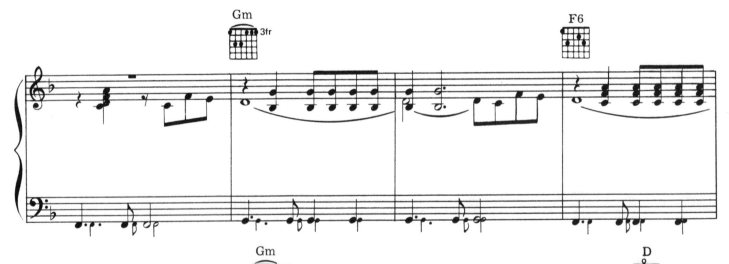

And I love __ __ her. __

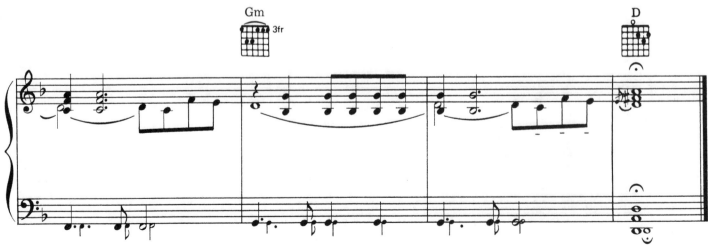

ANYTIME AT ALL

Words and Music by
JOHN LENNON and PAUL McCARTNEY

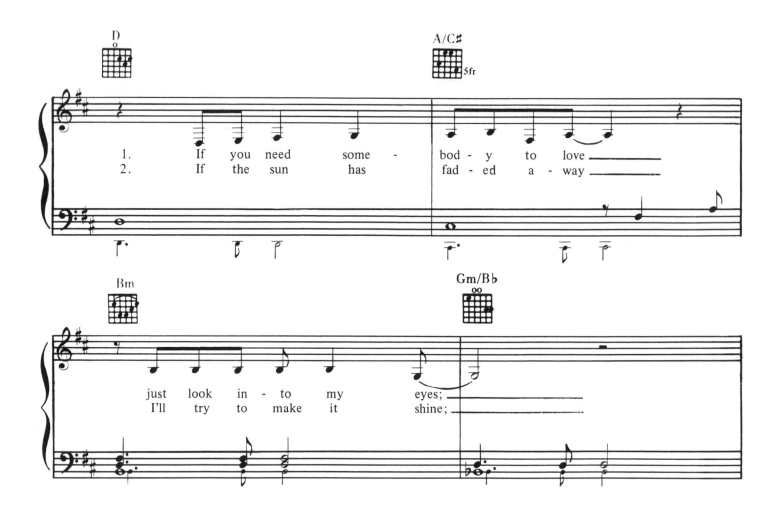

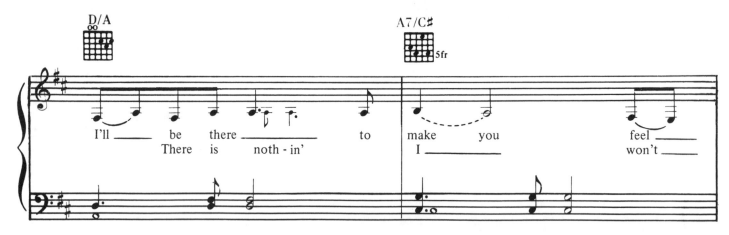

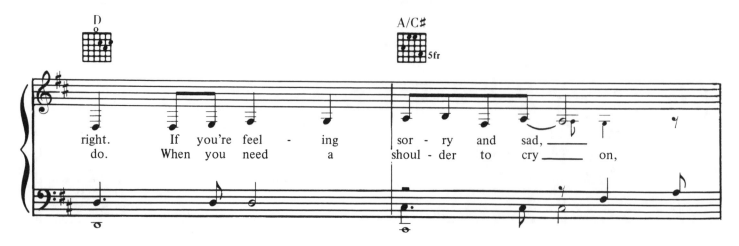

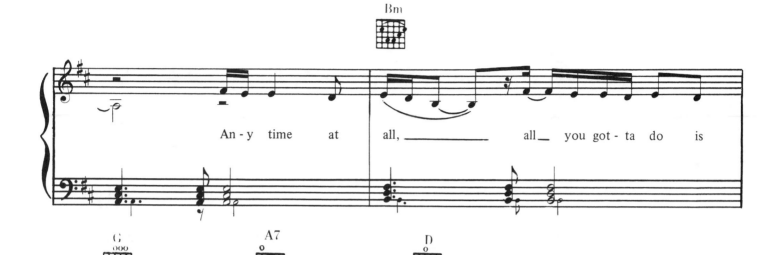

An - y time at all, _____ all_ you got-ta do is

call _____ and I'll _____ be there.

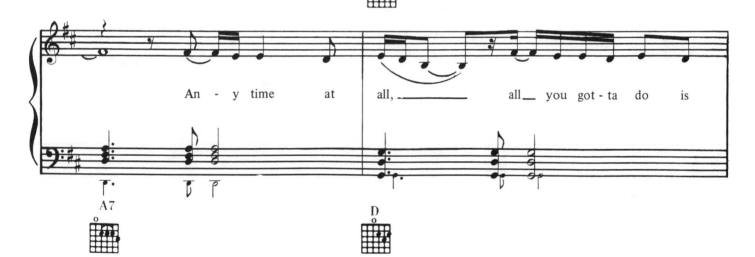

An - y time at all, _____ all_ you got-ta do is

call _____ and I'll _____ be there.

TELL ME WHY

Words and Music by
JOHN LENNON and PAUL McCARTNEY

CAN'T BUY ME LOVE

Words and Music by
JOHN LENNON and PAUL McCARTNEY

Brightly in 4

Em   Am

Can't buy me love, _____ love ___

Em   Am   Dm7   G

____ can't buy me love. _____ I'll

C

1. buy you a dia-mond ring, ___ my friend, ___ if it makes you feel al-right, ___
2. give you ___ all I've got ___ to give ___ if you say you love me too, ___
3. *Instrumental Solo* _____

F7

___ I'll get you an-y - thing, ___ my friend, ___ if it
___ I may not have a lot ___ to give ___ but what I've

134

D. S. al Coda 𝄋

mon - ey can't buy me love.____ *(Scream)*

Coda

mon - ey can't buy me love.____ Can't buy me love____

love____ can't buy me love.__

I'LL CRY INSTEAD

Words and Music by
JOHN LENNON and PAUL McCARTNEY

137

YOU CAN'T DO THAT

Words and Music by
JOHN LENNON and PAUL McCARTNEY

*Originally recorded in Gb

wan-na stay mine, ___ I can't help my feel-ings, I'll go out of my mind._I'm gon-na

C7 **G7** 3fr

let you down _____ and leave you flat, _____
(Let you down) (gon-na let you down and

D7 3fr **C7**

to Coda ⊕

*leave you flat)*_ Be-cause I've told you be-fore: Oh, ___ you can't do

G7 3fr **G7** 3fr

that.__ *(Shout): Wow!*___ *(Solo)* *(You)*

THINGS WE SAID TODAY

Words and Music by
JOHN LENNON and PAUL McCARTNEY

lone - ly___ wish - ing you weren't so far a - way,___
dream - ing___ deep in love, not a lot to say,___

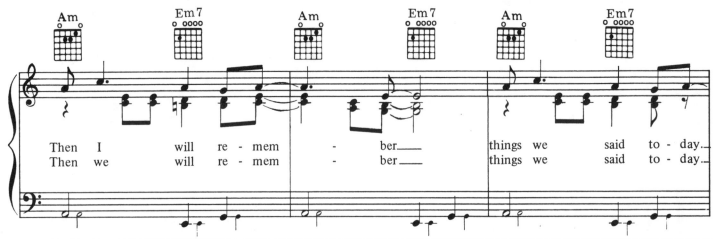

Then I will re - mem - ber___ things we said to - day.
Then we will re - mem - ber___ things we said to - day.

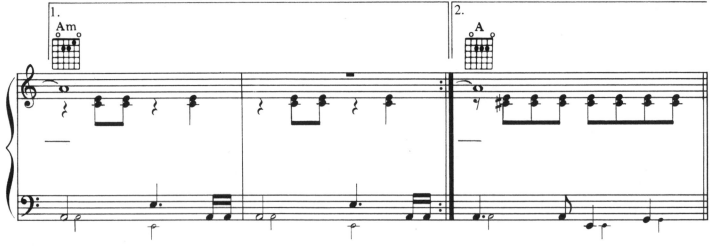

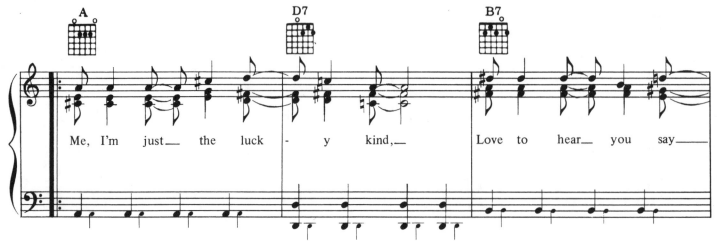

Me, I'm just___ the luck - y kind,___ Love to hear___ you say___

that love is love._ And though we may_ be blind,_

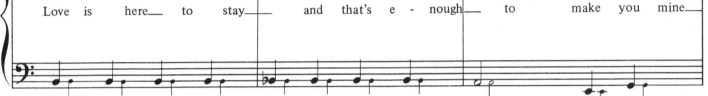

Love is here_ to stay_ and that's e - nough_ to make you mine_

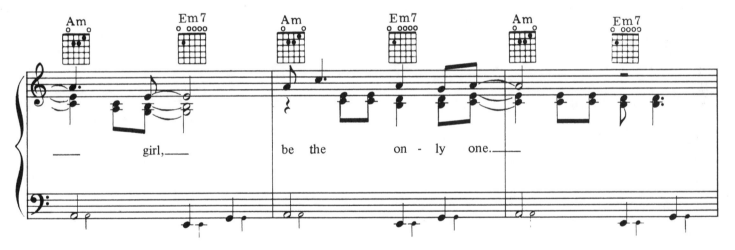

_ girl,_ be the on - ly one._

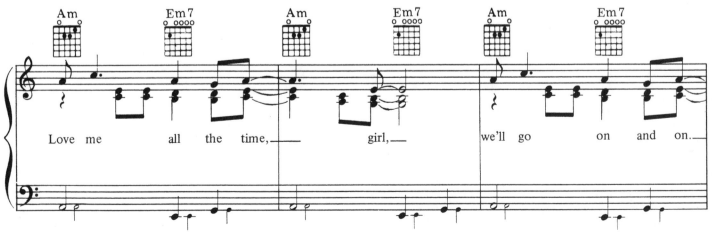

Love me all the time,_ girl,_ we'll go on and on._

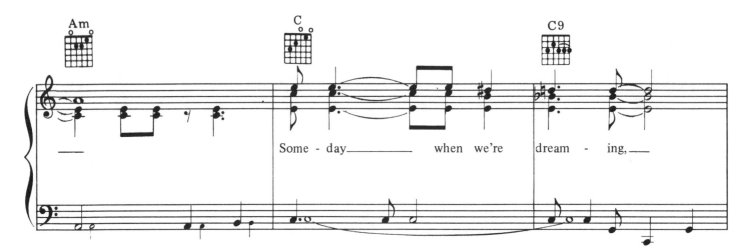

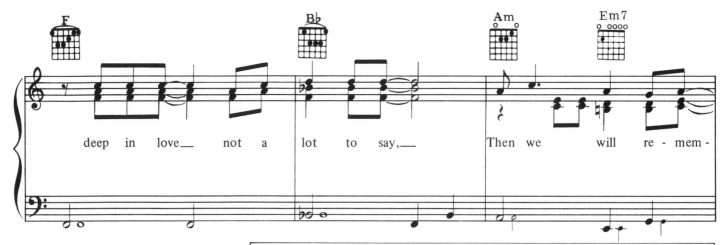

Some - day_____ when we're dream - ing,_____

deep in love___ not a lot to say,___ Then we will re - mem -

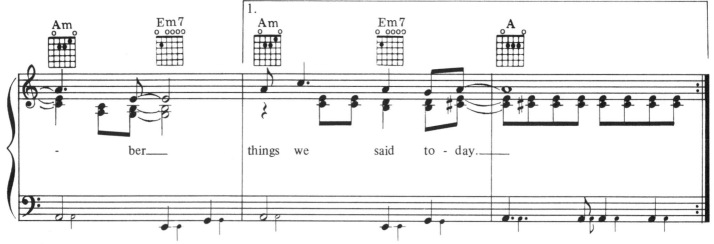

1.

- ber___ things we said to - day.___

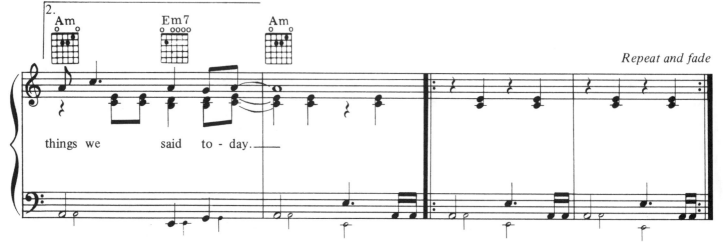

2.

Repeat and fade

things we said to - day.___

WHEN I GET HOME

Words and Music by
JOHN LENNON and PAUL McCARTNEY

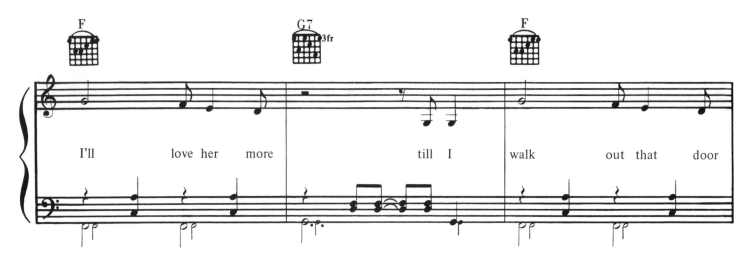

I'll love her more till I walk out that door

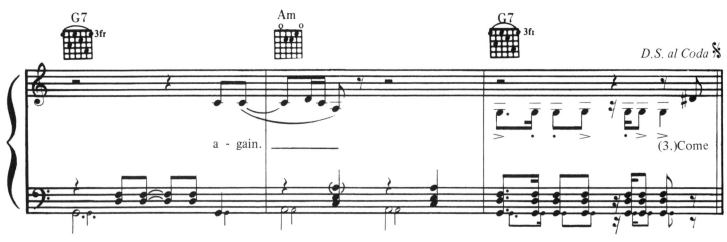

D.S. al Coda 𝄋

a - gain. ___ (3.)Come

⊕ CODA

___ when I get home, ___ Yeah, ___ I got a

whole lot - ta things to tell her ___ when I get home. ___

I'LL BE BACK

Words and Music by
JOHN LENNON and PAUL McCARTNEY

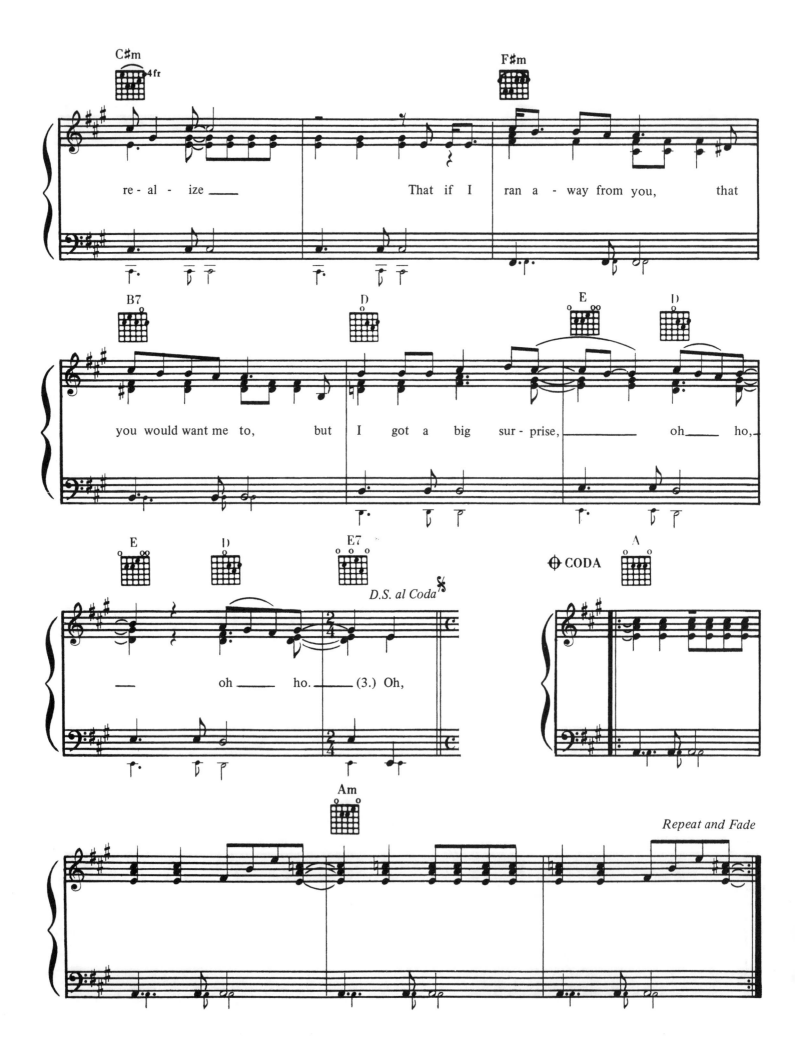

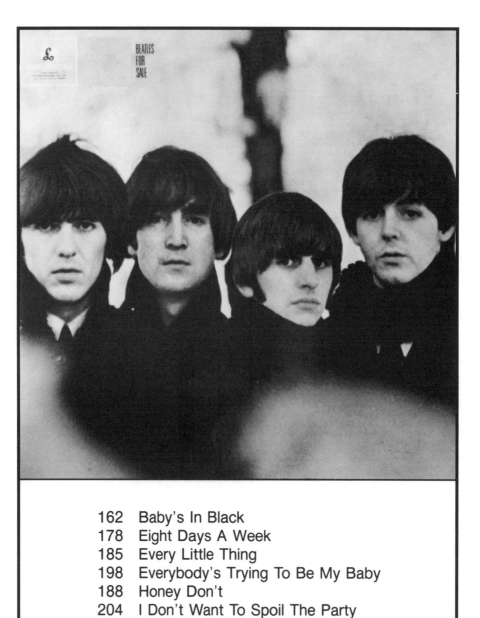

*Due to copyright restrictions, ''Rock And Roll Music'' is not included in this book.

NO REPLY

Words and Music by
JOHN LENNON and PAUL McCARTNEY

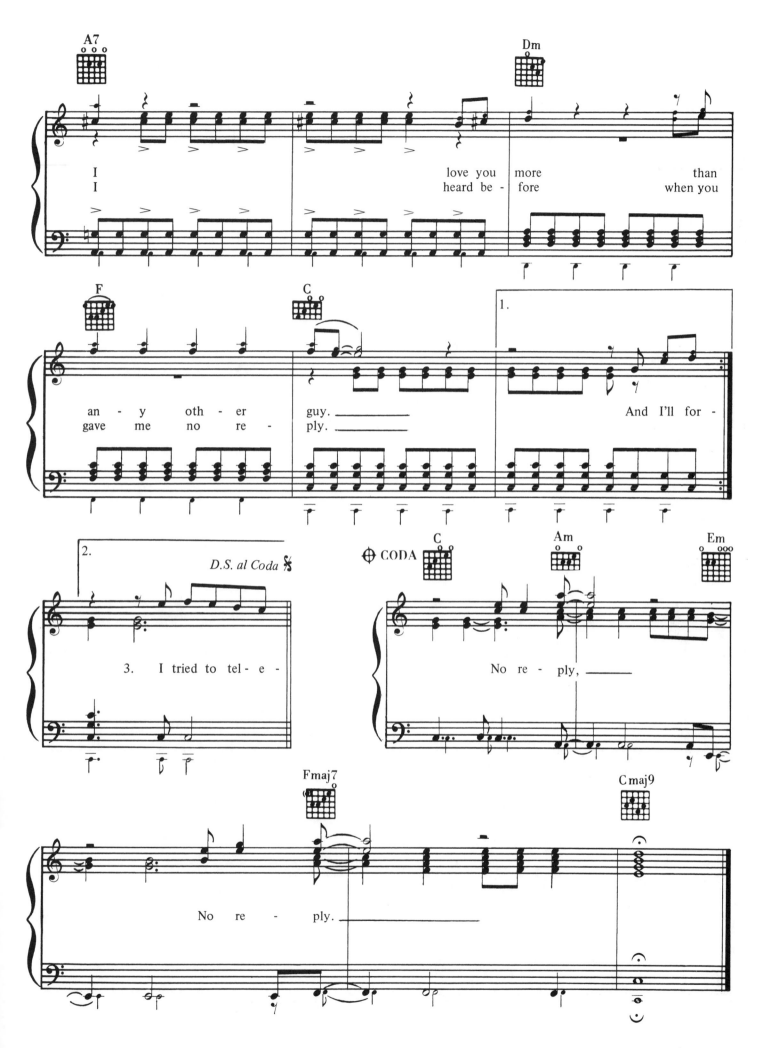

I'M A LOSER

Words and Music by
JOHN LENNON and PAUL McCARTNEY

She was a girl ____ in a mil - lion, my friend. ____
My tears are fall - ing like rain from the sky
And so it's true ____ pride comes be - fore a fall

I should have known ____ she would win in the end. ____
Is it for her ____ or my - self that I cry?
I'm tell - ing you ____ so that you won't lose all. ____ I'm a los-

(double in 8^{vas} if possible)

- er, ____ and I lost ____ some - one who's near ____ to me. I'm a los-

Play 3 times

- - er, ____ and I'm not what I ap - pear ____ to be. ____

BABY'S IN BLACK

Words and Music by
JOHN LENNON and PAUL McCARTNEY

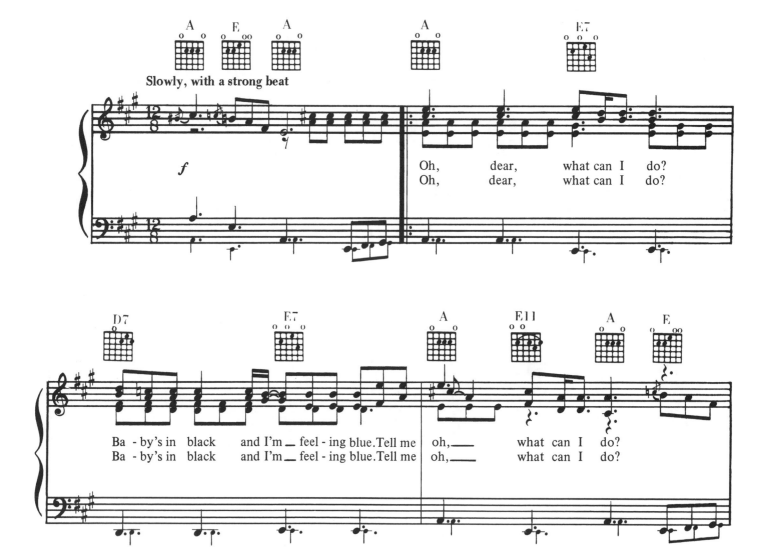

Slowly, with a strong beat

Oh,   dear,   what can I   do?
Oh,   dear,   what can I   do?

Ba - by's in   black   and I'm__ feel - ing blue. Tell me   oh,___   what can I   do?
Ba - by's in   black   and I'm__ feel - ing blue. Tell me   oh,___   what can I   do?

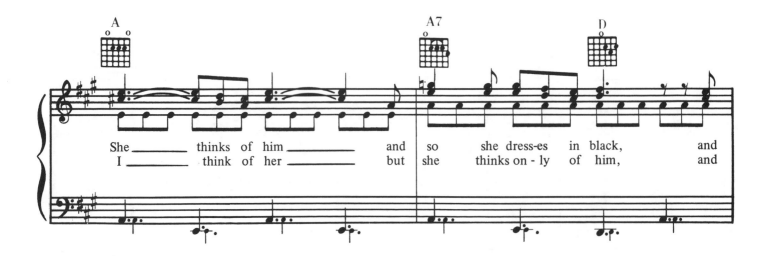

She _____ thinks of him _____ and   so   she dress - es   in black,   and
I _____ think of her _____ but   she   thinks on - ly   of him,   and

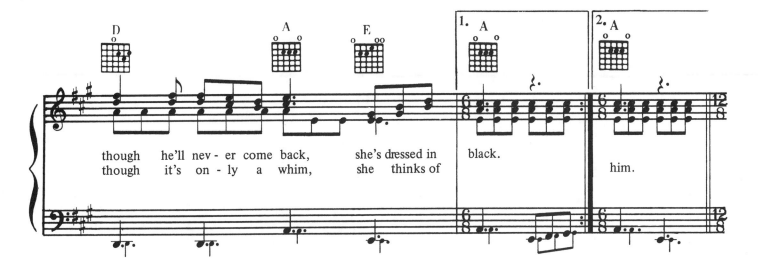

though he'll nev - er come back, she's dressed in black.
though it's on - ly a whim, she thinks of him.

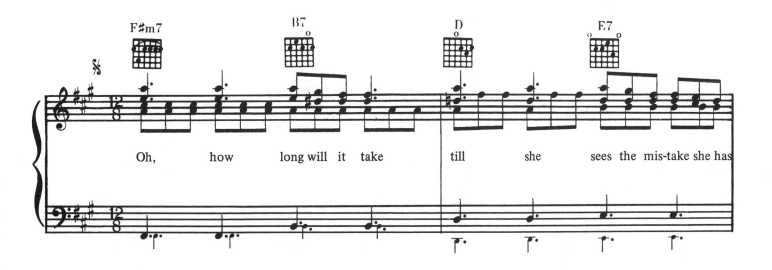

Oh, how long will it take till she sees the mis-take she has

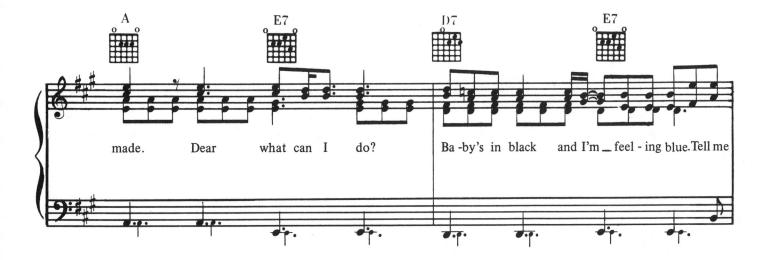

made. Dear what can I do? Ba -by's in black and I'm _ feel - ing blue. Tell me

I'LL FOLLOW THE SUN

Words and Music by
JOHN LENNON and PAUL McCARTNEY

MR. MOONLIGHT

Words and Music by
ROY LEE JOHNSON

come a - gain please,

Here I am on my knees, _____ beg-ging if you please. _____

Bb
B

On the night you don't ___ come my way ___ I _____
2nd time: (Oh,) _____

F
F#

D7
D#7

Gm7
G#m7

___ pray and pray ___ more each day, ___ 'cause we love you,
___ (I)

Mis - ter Moon - light.

(Solo)

On the night you don't___ come my way, ___ Oh, _____

KANSAS CITY

Words and Music by
JERRY LIEBER and MIKE STOLLER

HEY HEY HEY HEY

Words and Music by
RICHARD PENNIMAN

EIGHT DAYS A WEEK

Words and Music by
JOHN LENNON and PAUL McCARTNEY

Ooh I need your love, babe, ___ guess you know it's true. ___
Love you ev-'ry day, babe, girl, ___ al-ways on my mind. ___

Hope you need my love, babe, ___ just like I need you. ___
One thing I can say, girl, ___ love you all the time. ___

Hold me, ___ love me, ___

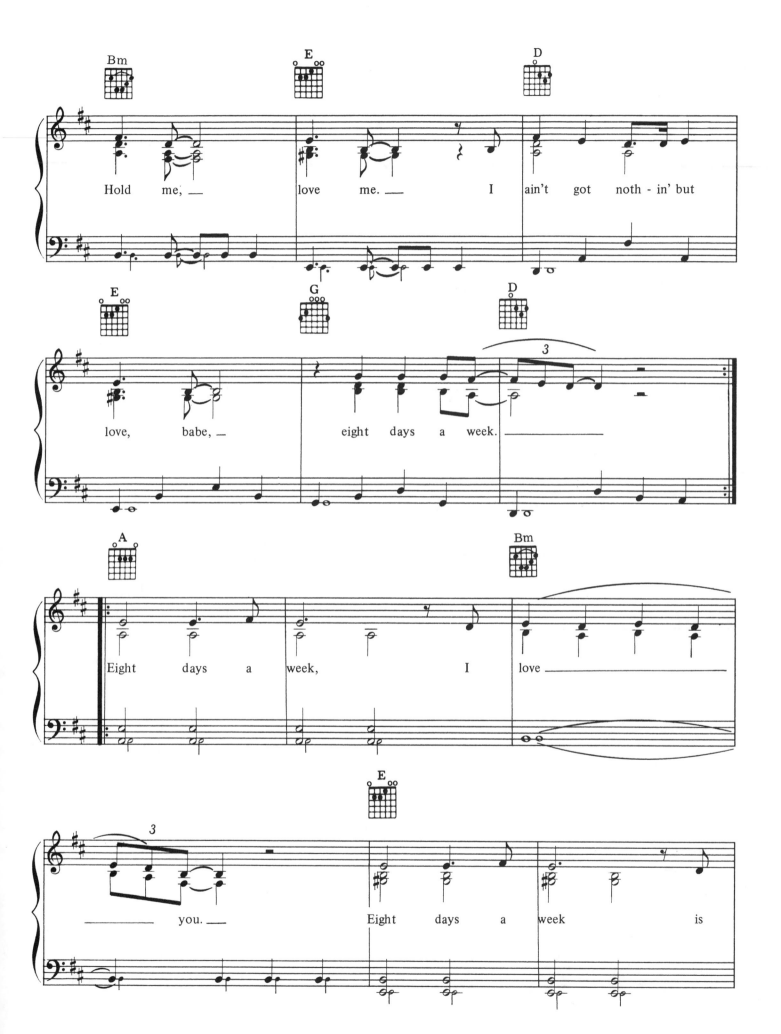

not e-nough to show I care. ___

Ooh I need your
Love you ev-'ry

love, babe, ___ guess you know it's true. ___
day, girl, ___ al-ways on my mind. ___

Hope you need my love, babe, ___ just like I need you.
One thing I can say, girl, ___ love you all the time. ___

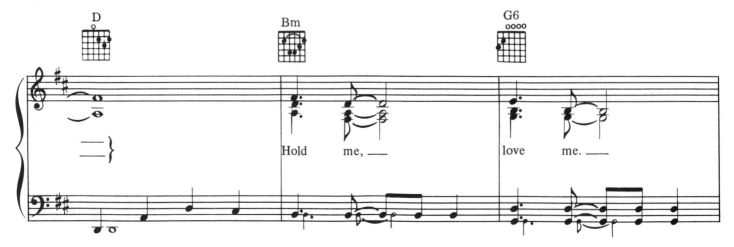

Hold me, ___ love me. ___

Hold me, ___ love me. ___ I ain't got noth-in' but

love, babe, ___ eight days a week. ___

Eight days a week. ___ Eight days a week. ___

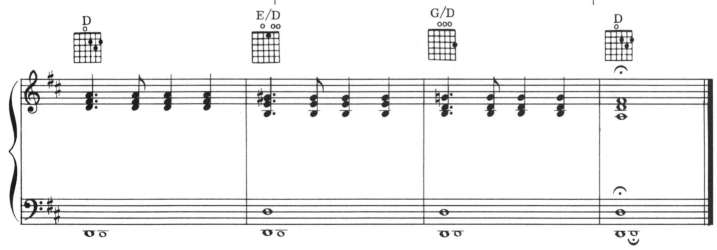

WORDS OF LOVE

Words and Music by
BUDDY HOLLY

EVERY LITTLE THING

Words and Music by
JOHN LENNON and PAUL McCARTNEY

HONEY DON'T

Words and Music by
CARL LEE PERKINS

Moderato - with a beat

1. Well, how come you say you will ___ when you won't?
2. ___ you, ba-by and you ought ___ to know ___

Say you do, ba-by, when you don't? ___
I like the way that you wear yer clothes. ___

Let me know, hon-ey,
Ev-'ry-thing a-bout you is so

how you feel; ___
dog-gone sweet; ___

Tell the truth now,
You got that sand all

is love real? ___
o-ver your feet ___ } But ah-

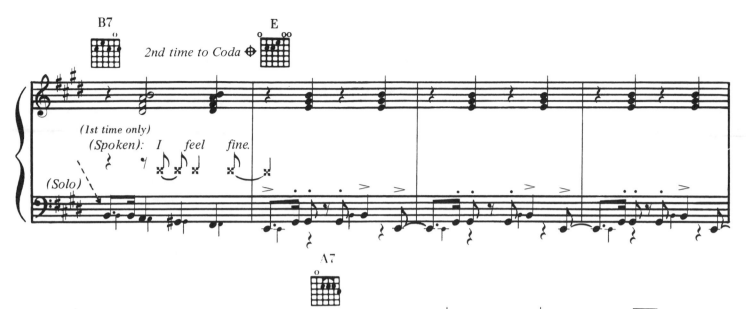

2nd time to Coda ⊕

(1st time only)
(Spoken): I feel fine.
(Solo)

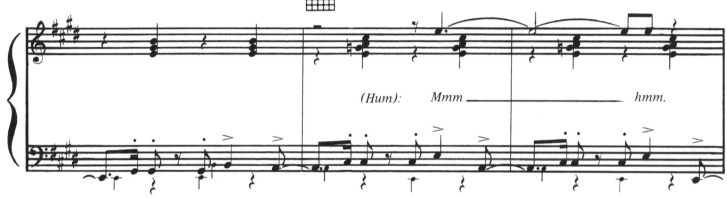

(Hum): Mmm ———————— hmm.

I said.—

Well,—

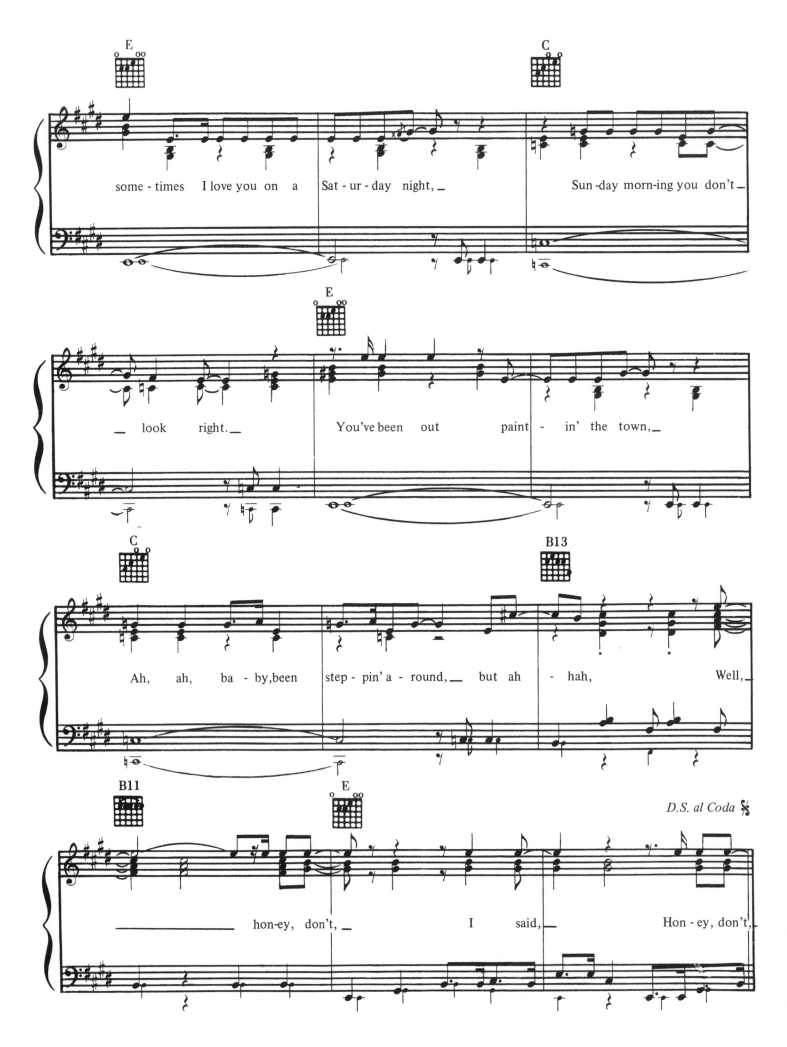

D.S. al Coda 𝄋

WHAT YOU'RE DOING

Words and Music by
JOHN LENNON and PAUL McCARTNEY

here for you,_____ won-d'rin' what____ you're gon - na do._____

And should you need____ a love that's true,___ it's me._____

Please stop your ly - in',____ you got me cry - in' girl.__ Why should it be so much___ to ask of you__ what you're

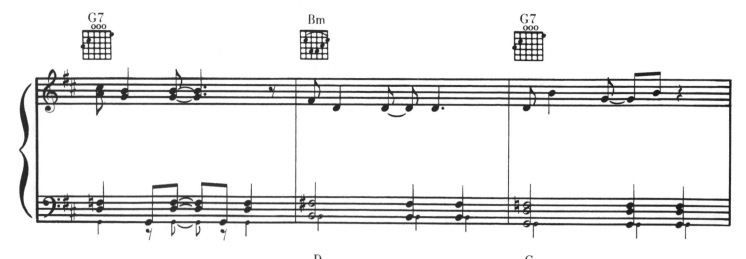

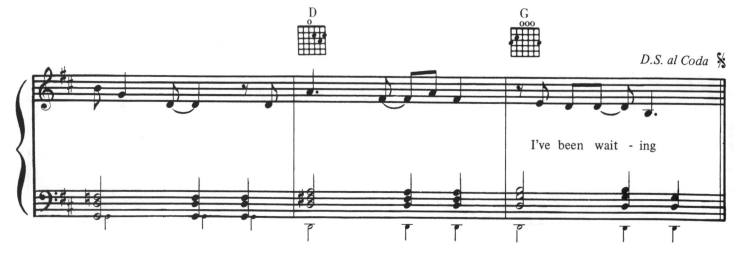

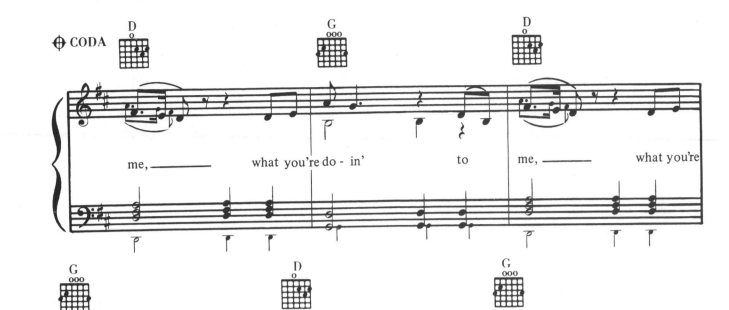

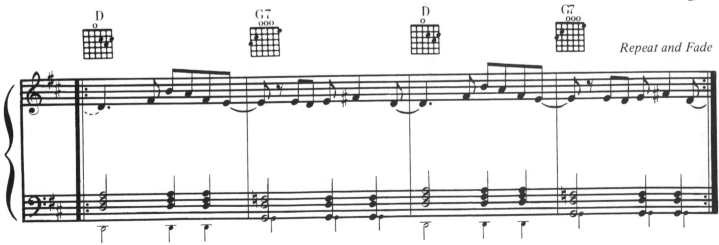

EVERYBODY'S TRYING TO BE MY BABY

Words and Music by
CARL LEE PERKINS

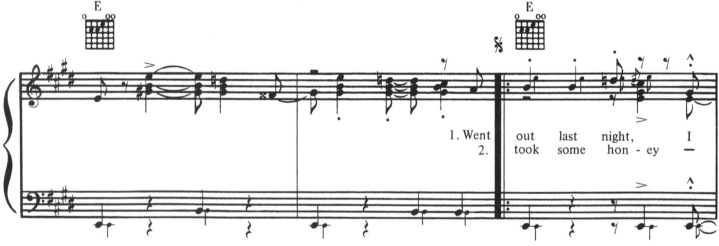

1. Went out last night, I
2. took some hon - ey —

did - n't stay late, 'fore I got home I had a nine - teen dates. Ev -
— from a tree,— dressed it up and they called — it me. Ev -

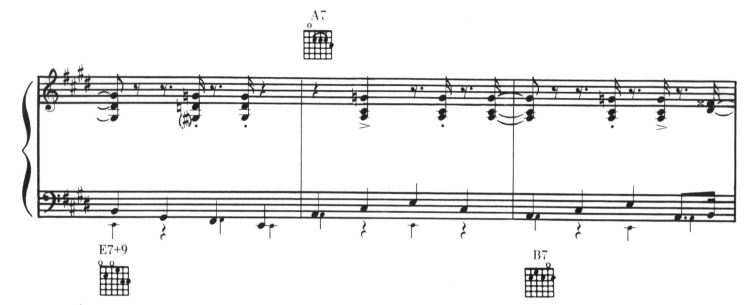

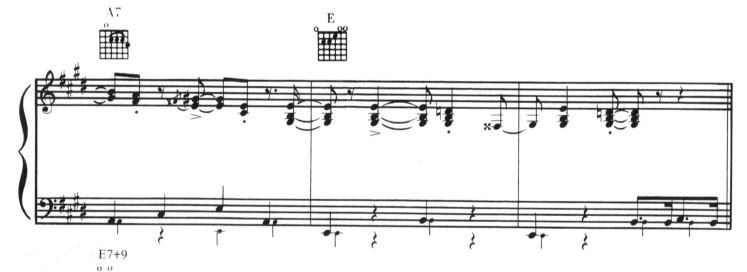

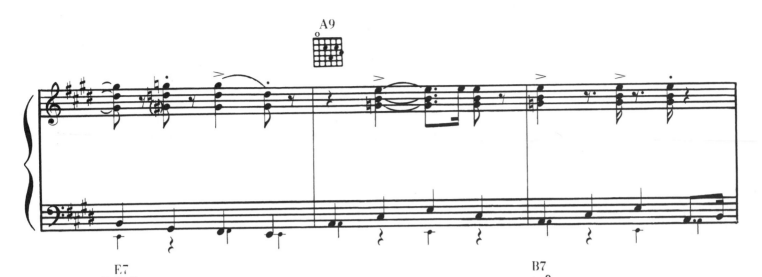

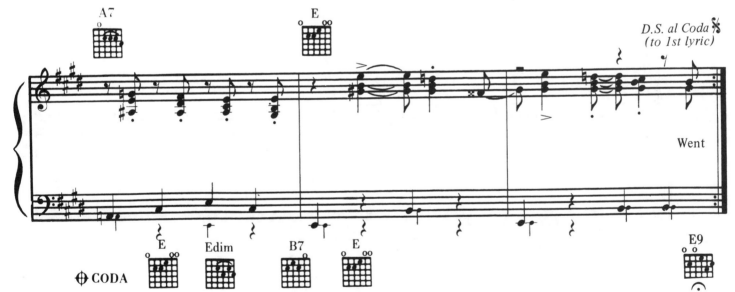

I DON'T WANT TO SPOIL THE PARTY

Words and Music by
JOHN LENNON and PAUL McCARTNEY

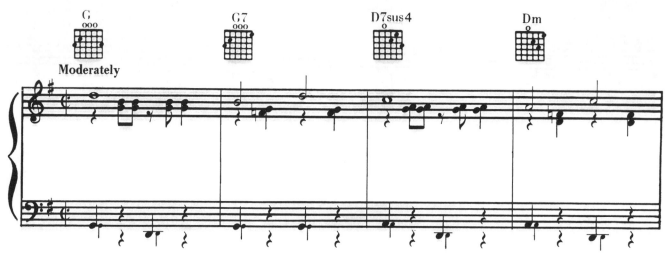

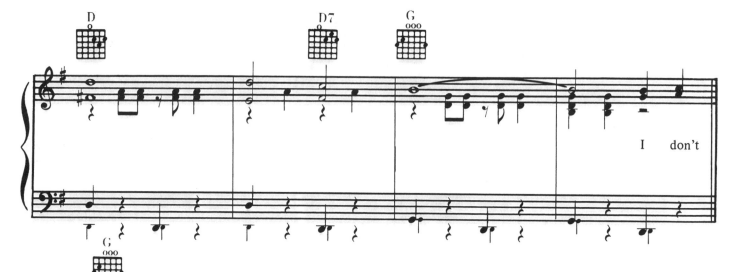

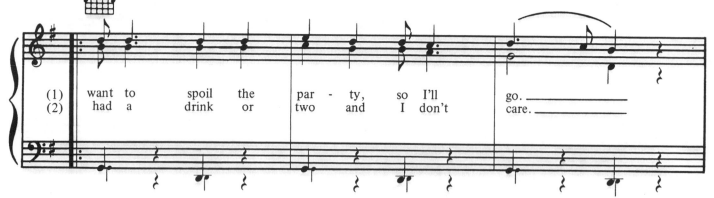

(1) want to   spoil the   par - ty, so I'll   go. ____
(2) had a   drink or   two and I don't   care. ____

I   would   hate my dis - ap -   point - ment   to
There's   no   fun in what I   do   if she's   not

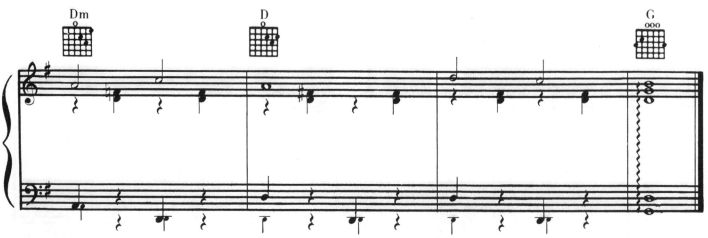